Sieglinde Quick

Fast wie im Paradies

„Klo-Pastor" Karl Sundermeier in Sri Lanka

edition winterwork

Meinen Eltern Karl und Marilene Sundermeier:
Sie haben mir vorgelebt, alle Menschen zu achten
und mit den Augen der Liebe Gottes zu sehen.

Inhaltsverzeichnis

Vorwort und Dank

Endlich saß ich im Flugzeug. Es war im Frühjahr 1999 und ich durfte ganz allein nach Sri Lanka fliegen. Mein Mann war bereit, auf unsere drei Söhne aufzupassen, damit ich in Ruhe noch einmal das Land, in dem ich so viele Jahre aufgewachsen war, besuchen konnte. Was ich bei meinen vorherigen Reisen dorthin nie so deutlich gespürt hatte, traf mich mit voller Wucht, als ich aus dem Flugzeug stieg und die feuchtwarme Luft einatmete. Es war ein unbeschreibliches Glücksgefühl – und später erst ist mir klar geworden, dass es schlicht und einfach erfülltes Heimweh war. In diesen zehn Tagen strömten viele Erinnerungen aus der Kindheit wieder auf mich ein und machten mir bewusst, wie sehr mich diese Jahre in meinem ganzen Denken und Handeln geprägt hatten.

Die Begegnungen mit den vielen Menschen, die mir damals ans Herz gewachsen waren, zeigten mir aber auch, wie sehr mich die damalige Arbeit meiner Eltern immer noch bewegte. Da meine Eltern auch gerade in Sri Lanka waren, hatte ich viel Gelegenheit, mit ihnen noch einmal darüber zu reden. Ihnen möchte ich danken. Aber auch Renate Kreft, die jahrelang diese Arbeit mit gestaltete. Außerdem leistete sie wertvolle Gedächtnishilfen beim Überarbeiten dieses Buches. Danken möchte ich Johann Senaratna, der durch seine fachliche Überarbeitung des Manuskriptes half, Informationen und Fakten über das Land Sri Lanka zusammenzutragen. Meinem Mann und unseren inzwischen vier Söhnen danke ich, dass sie in den letzten Jahren nicht nur ab und zu meine gedankliche Abwesenheit ertrugen, sondern sich oft auch mit einer *schnellen Küche* zufrieden gaben. Ich gelobe Besserung! Zum Schluss sage ich noch ein herzliches Dankeschön an Pfarrer

Michael Krug für seine sehr hilfreiche Korrekturarbeit, an Hans Steinacker, der mich nicht nur zur Veröffentlichung ermutigt hat, sondern auch wertvolle, inhaltliche Hilfestellung geleistet hat und an Elisabeth Lange für den letzten Feinschliff und alle Hilfe beim Veröffentlichen.

Karte Sri Lanka

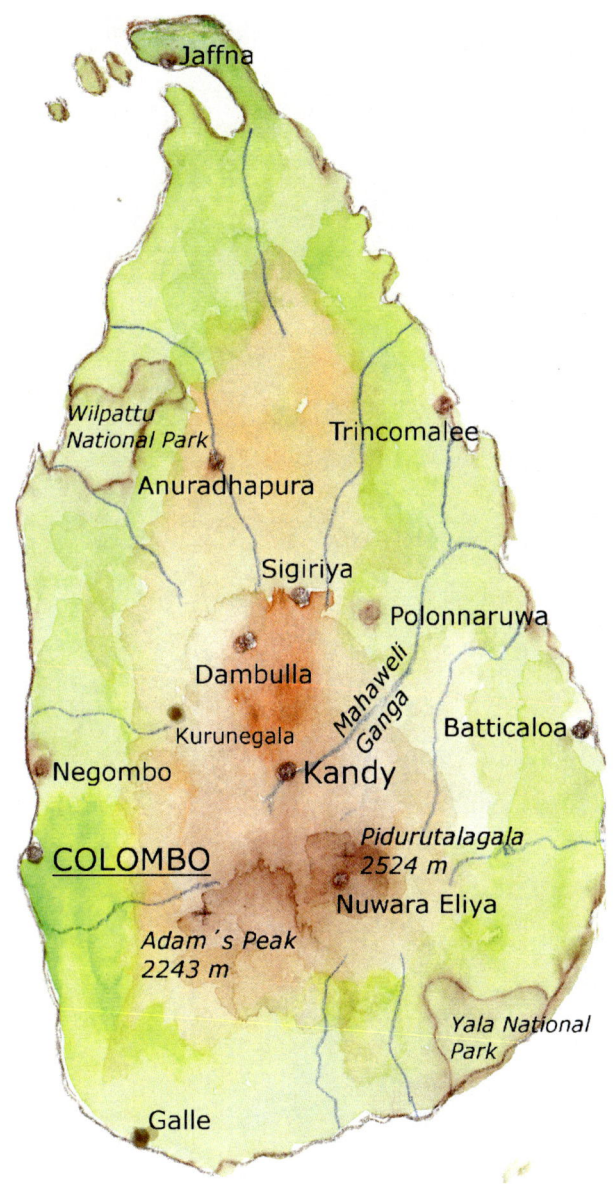

1. Die Ausreise

Aufbruchsstimmung

Eines Abends, als mein Vater in unser Kinderzimmer kam, um uns gute Nacht zu wünschen, sagte er: „In einem halben Jahr fliegen wir alle zusammen ganz weit weg. Wir werden für ein paar Jahre in einem fremdem Land wohnen – in Sri Lanka!" Das Land sagte mir nichts – aber meine Abenteuerlust war geweckt und vor lauter Aufregung konnte ich fast die ganze Nacht nicht schlafen. Meine beiden älteren Schwestern, Mechthild und Liebgard, nahmen diese tolle Nachricht scheinbar ganz locker auf. Aber ich wusste: Das wird das Abenteuer meines Lebens! Als drittes Mädchen hätte ich wohl der Junge sein sollen, und – wild, wie ich war – wollte ich als Kind auch immer lieber ein Junge sein. Sogleich löcherte ich meinen Vater, doch mehr zu erzählen, was er auch bereitwillig tat. „Sri Lanka ist eine kleine Insel an der Südspitze des großen Landes Indien. Es sieht auf der Landkarte so wie eine rote Kidneybohne aus. Da gibt es ganz viele Kokosnusspalmen und Bananenstauden. Die Bananenblätter sind so groß, dass man sich darin sogar einwickeln kann." In meiner Vorstellung sah ich mich schon in so einem Blatt gänzlich verschwinden und war später ganz enttäuscht, dass sie zwar lang genug waren, sich einzuwickeln, aber viel schmaler, als ich sie mir vorgestellt hatte. Doch zunächst galt es, alle Vorbereitungen zu treffen. Ich sehe mich noch heute, wie ich frisch geimpft über unseren Schulhof stolzierte (über den ich sonst nur gerannt war), bedacht, dass mich ja keiner anrempelte und die Impfung und somit unsere große Reise in Gefahr brachte.

Ferne Länder waren uns Kindern nicht unbekannt, da mein Vater als Bundeswart des CVJM-Westbundes (Christlicher Verein Junger Menschen), wie der Generalsekretär des CVJM früher bezeichnet wurde, oft in andere Länder nach Afrika oder Asien reiste. Vor kurzem erst war er wieder aus Ghana in Afrika zurückgekehrt und hatte uns wunderschöne, farbenfrohe, afrikanische Oberteile mitgebracht. Des Öfteren hatten uns auch schon afrikanische oder asiatische Menschen besucht, sodass uns ihr anderes Aussehen bekannt war. Und doch: Wirklich einmal für längere Zeit in so einem fremden Land wohnen zu können, das war für mich zu schön, um wahr zu sein. Die Vereinigte Evangelische Mission (VEM) in Wuppertal entsendete meinen Vater zunächst für fünf Jahre nach Sri Lanka. Und wir alle durften mitgehen. Alle, das waren meine Eltern und wir Schwestern Mechthild, Liebgard, ich (Sieglinde), Brigitte und Henrike. Mechthild war damals zwölf Jahre alt und Henrike gerade vor ein paar Monaten geboren worden.

Das vor uns liegende Neue reizte mich, was aber nicht hieß, dass mein bisheriges Leben langweilig war. Im Gegenteil: Als ich zwei Jahre alt war, hatten meine Eltern in der Stadt Schwelm ein Grundstück mit einem Stück angrenzenden Wald gekauft und ein schönes Haus darauf gebaut. Wasser, Wiese, Wald – das war für uns Kinder schon paradiesisch. Der Teich vor dem Haus bot nicht nur einen schönen Anblick, sondern mir auch die Möglichkeit, meine Geschwister oder Besucher mit Kaulquappen und kleinen Fröschen zu erschrecken. Oder aber zuzuschauen, wie die Fische gefüttert wurden. Meine Eltern sorgten sich wohl eher darum, dass einer von uns in den Teich fallen könnte. Da meine Mutter und meine älteste Schwester sehr gerne ritten und die Wiese groß genug war, wurden bald auch Ponys angeschafft – und sogar eine kleine Ponykutsche. Damit zu fahren, fanden wir natürlich viel lustiger, als durch Wald und Feld zu laufen. Ganz besonders schön war es, wenn unser Vater einmal nicht auf Reisen war und in der Kutsche mitfahren konnte.

Gerne sind wir – besonders meine ältere Schwester Liebgard und ich – auch nach Bünde zu den Großeltern väterlicherseits gefahren. Opa und Oma, Fritz und Paula Sundermeier, hatten dort ein altes, uriges Haus, in dem man gut Verstecken spielen konnte. Die große, alte Scheune auf dem Hof hatte außerdem einen Heuboden. Es machte uns großen Spaß, die wackelige Sprossenleiter heraufzuklettern und oben zu spielen. Mein Opa hatte früher eine kleine Zigarrenfabrik im Haus neben etwas Landwirtschaft. Leider gab es aber keine Tiere mehr, nur einen großen Apfelbaumgarten mit viel Erntearbeit. Meine Oma mütterlicherseits – Helene Brockhaus – wohnte in Mettmann in einem großen Herrenhaus. Manchmal hat uns dieses riesige Haus etwas Angst eingeflößt, zumal oben im Dachgeschoß noch eine alte Tante wohnte, die uns Kindern ein wenig unheimlich war. Leider habe ich meinen Opa, Wilhelm Brockhaus, nie kennengelernt, da er kurz vor meiner Geburt gestorben ist.

Für uns Kinder war es natürlich immer spannend, von unseren Eltern zu hören, wie sie sich kennen gelernt hatten. Die Familie meiner Mutter war in der *Versammlung* in Mettmann, auch als *Brüdergemeinde* bekannt, beheimatet. So sahen ihre Eltern es gar nicht gern, dass meine Mutter einen aus der *normalen* Landeskirche heiraten wollte. Doch eines Tages wurde mein Vater, der zu der Zeit Reisesekretär bei der SMD (Studentenmission in Deutschland) war, in die Versammlung als Gastprediger eingeladen. Die Predigt muss wohl Anklang gefunden haben, denn danach wurde er akzeptiert und geschätzt. So bekamen sie dann doch den Segen meiner Großeltern mütterlicherseits zur Hochzeit. Damals hatte meine Mutter eine Ausbildung als Physiotherapeutin angefangen. Da sie aber bald mit Mechthild schwanger wurde und auch meinem Vater, der mittlerweile die Arbeit als Bundeswart angetreten hatte, den Rücken frei halten wollte, brach sie die Ausbildung ab. Doch später sollte ihr diese Teilausbildung noch sehr nützlich sein. Für meine Mutter waren die zwölf Jahre, in denen mein Vater als Bundeswart arbeitete, nicht einfach. Mein Vater reiste viel und war oft lange unterwegs. Zum Glück halfen ihr wenigstens verschiedene *Haustöchter*, mit uns fünf Mädchen fertig zu werden.

Doch nun sollte es in ein ganz fremdes Land gehen, so dass es Etliches zu organisieren und zu planen gab. Wir Kinder bekamen von den vielen Dingen, die es mit Haus, Hof und Packen zu regeln gab, kaum etwas mit. Zumindest kann ich mich nicht mehr daran erinnern. Drei Monate vor unserer Ausreise wurde es jedoch auch für uns ernst. Da zogen wir in eine Wohnung auf der Bundeshöhe, dem Sitz des CVJM - Westbundes in Wuppertal, weil das Haus in Schwelm vermietet und deshalb komplett leer geräumt werden musste.

Zwischenstationen im Orient

Anfang Mai 1971 kam dann endlich der große Tag. Meine jüngste Schwester Henrike war im März gerade erst ein Jahr alt geworden. Die Kisten mit den Sachen, die wir mitnehmen wollten, waren längst verschifft. Trotzdem blieb noch genügend Krempel übrig, der in Koffern und diversen Taschen im Flugzeug mitgeschleppt wurde. Mit so vielen Mädchen und derart voll bepackt mit Taschen und Tüten haben wahrscheinlich viele Leute meine Eltern am Flughafen mitleidig angeschaut und uns für eine Flüchtlingsfamilie gehalten. Ich war selig. Endlich, zum ersten Mal in meinem

Leben, fliegen. Damals hatten wir Kinder das Glück, während des Fluges dem Pilot einen Besuch im Cockpit abstatten zu dürfen. Es war fantastisch, von oben die Landschaft, Häuser und Autos im Kleinformat betrachten zu können.

Wir hätten problemlos direkt nach Sri Lanka durchfliegen können. Aber meine Eltern wollten die Gelegenheit nutzen, uns Kindern noch mehr von der Welt zu zeigen. So haben wir zwei Zwischenstopps gemacht. Einen kurzen in Istanbul in der Türkei und einen etwas längeren in Teheran im Iran. In den verschiedenen Restaurants, die wir auf der Reise besuchten, bekamen wir auch die erste Englischlektion durch meine Mutter: Wir durften immer beim Kellner „a pot of hot, boiling water" bestellen, damit meine Mutter den wirklich sehr starken, schwarzen Tee mit dem heißen Wasser verdünnen konnte. Die Kellner haben uns zwar meistens etwas merkwürdig und verständnislos angeschaut, aber schließlich, nach einigem Nachfragen, doch das Erwünschte gebracht.

In Istanbul besichtigten wir einige Moscheen und den Basar. Da bekamen wir schon einmal einen guten Eindruck von der Fremdheit des Orients. Dieser verstärkte sich dann noch gewaltig in Teheran. Hier besuchten wir einen Bruder meines Vaters, Fritz Sundermeier, der für ein paar Jahre als Oberstudienrat im Land tätig war und mit seiner Familie dort wohnte. Besonders gut erinnere ich mich an die drückende Hitze. Das waren bestimmt 40 °C im Schatten bei ganz trockener Luft. Wie gut tat es da, die vielfältigen südländischen Früchte genießen zu können. Exotische Obstsorten wie Wassermelonen, Kokosnüsse und dergleichen gab es damals in Deutschland fast überhaupt noch nicht zu kaufen. Ja, sogar die Hollywoodschaukel im Garten meines Onkels war für uns Kinder *die* Attraktion! Ich jedenfalls habe viel lieber darin geschaukelt, als mit den anderen durch die heiße Stadt zu laufen.

Meine Tante erzählt heute noch davon, wie sie auf acht Kinder aufgepasst hat, da sie ihren Mann mit meinen Eltern und meiner ältesten Schwester auf eine viertägige Besichtigungsreise durch den Iran geschickt hatte. Zu ihren drei Kindern kamen wir vier Mädchen hinzu und ein weiteres Kind war auch noch zu Besuch da.

Angekommen

Zwei Wochen später kamen wir dann endlich in Sri Lanka an. Zu der Zeit hieß Sri Lanka noch Ceylon. Erst 1972 wurde es offiziell wieder umbenannt in das uralte *Sri Lanka*. Der Flughafen auf dem wir landeten, hieß nach dem damaligen Präsidenten *Bandaranaike Airport* und liegt in Negombo, nahe der Hauptstadt Colombo. Obwohl wir die Hitze jetzt schon ein wenig gewohnt waren, wurden wir doch, als wir aus dem Flugzeug ausstiegen, regelrecht erschlagen. Das lag nicht nur an der hohen tropischen Hitze, die mit fast 80% Luftfeuchtigkeit einen kaum atmen lässt; sondern auch daran, dass wir, um alle Kleidung unterzubringen, mehrere Lagen davon trugen und als i-Tüpfelchen darüber noch die warmen Winterponchos. Meine Mutter dachte wohl, die könnten auch in den Tropen nicht schaden. Damals musste man vom Flugzeug aus noch zum Terminal laufen. In diesem Aufzug hätten wir aber die Entfernung nie geschafft. So haben wir Kinder uns direkt an Ort und Stelle vor dem Flugzeug aller unnötigen Kleidungsstücke entledigt. Ein Foto zeugt bis heute von dem großen Haufen Kleidung, der da auf der Landebahn lag. Als wir es uns später anschauten, mussten wir alle herzlich lachen.

So waren wir nun angekommen auf dieser herrlichen kleinen Insel, die viele Menschen als das Paradies bezeichnen. Die Landschaft strahlte in den verschiedensten Grüntönen. Da gab es Palmen, wunderschöne Blumen, kilometerweite Teeplantagen und viele Reisfelder zwischen der Zivilisation und dem Urwald. Und dann erst der Reichtum an Obst und Gemüse! Schon auf dem Weg vom Flughafen nach Colombo waren sie in vielen kleinen Buden am Straßenrand zu bewundern und zu erwerben. Ganze Stauden der verschiedensten Bananensorten und jede Menge grüner und gelber Kokosnüsse gab es zu kaufen. Letztere wurden gleich am Straßenrand trinkfertig zubereitet. Wir haben das natürlich auch sofort ausgekostet und das leckere Kokosnusswasser probiert. Von da an wurde es zu einer Tradition: Immer wenn wir oder auch Gäste am Flughafen ankamen, gab es auf dem Weg nach Kandy erst einmal eine Kokosnuss zu trinken. Damals, als wir noch zu Hause in Schwelm waren, hat meine Mutter uns manchmal dahin gewünscht, *wo der Pfeffer wächst* – und genau da waren wir jetzt gelandet, denn auch Pfefferpflanzen rankten sich an Bäumen hoch. Pfeffer gehört, wie der berühmte Ceylon Tee, zu den vielen Exportgütern Sri Lankas.

Eine Pfefferpflanze

Da das Land im Mai 1971 im Ausnahmezustand war – im April war ein Studentenaufstand ausgebrochen – konnten wir noch nicht sofort ins Landesinnere nach Kandy fahren, wo wir später wohnen sollten. So blieben wir ein paar Tage in Colombo und wohnten beim YWCA (Young Women Christian Association – Christlicher Verein junger Frauen). Von den Unruhen haben wir Kinder nicht viel mitbekommen, wohl aber meine Eltern. Nach 19:30 Uhr war Ausgangssperre, die Schulen waren im ganzen Land geschlossen, was wir natürlich gut fanden, und es herrschte eine große Verunsicherung, wie es weitergehen sollte.

Daheim in Kandy

Da wir jetzt schon mehrere Wochen unterwegs waren und aus Koffern lebten, waren wir sehr froh und erleichtert, als wir endlich nach Kandy weiterreisen durften. Ich erinnere mich noch sehr gut an die aufregende Fahrt dorthin und an den Tag, als wir in unser neues Haus kamen. Autos gab es auf der Straße von Colombo nach Kandy - im Gegensatz zu heute - noch nicht viele, dafür umso mehr Ochsenkarren, Menschen mit Handwagen, Fahrräder, Rikschas und jede Menge Fußgänger. Uns ist besonders die große Anzahl Kinder aufgefallen. Immer wenn wir einmal anhielten, sammelte sich gleich eine Traube von neugierigen, lachenden und uns anstrahlenden Kindern an den offenen Fenstern des Autos. Natürlich hielten sie die Hand auf und riefen: „Sally matte dende" (gib mir Geld). Schnell verteilten wir, was wir an Süßigkeiten noch übrig hatten, worauf sie auch sehr zufrieden abzogen.

Die größte Sehenswürdigkeit auf dem Weg nach Kandy ist der *Bible Rock*, der damals in der Kolonialzeit von den Briten so als

Bibelfelsen getauft worden war, weil er von weitem wie ein großes, aufgeschlagenes Buch aussieht. Von der Straße aus ist er gut zu sehen und wurde von Vater natürlich auch gleich fotografiert. Die zweitgrößte Sehenswürdigkeit ist ein riesiger Felsen mitten auf der Straße in einer Kurve, durch den hindurch damals die Straße von Colombo nach Kandy verlief. Da passten die normalen Busse gerade noch so hindurch, aber keine Doppeldeckerbusse. Heute gibt es allerdings eine Ausbaustrecke oberhalb des Felsens, so dass kaum einer mehr durch den Felsen fährt. Irgendwie schade.

Der Bible Rock

Unser Haus lag in Lewella, einem kleinen Vorort von Kandy. Die VEM hatte es mit Hilfe des Pfarrers der methodistischen Kirche, Rev. Roy de Silva, für uns gemietet. Von der Straße musste man eine steile Auffahrt hinunterfahren, und unten am Abhang lag ein langes, schmales, bungalowartiges Gebäude, das wir Kinder sofort nach unserer Ankunft erkundeten. Meine Schwester Liebgard und ich entdeckten neben dem Haus eine Laube und stürmten begeistert hinein – nur um postwendend wieder schreiend rauszurennen: „Eine Schlange, eine Schlange!", brüllten wir durchs ganze Haus. Mein Vater eilte, bewaffnet mit einem Küchenmesser, herbei und sagte dann grinsend: „Diesem Tausendfüßler tun wir lieber nichts, der ist harmlos". War uns das peinlich! Das Küchenmesser kam später aber wirklich zum Einsatz, als einmal eine kleine Polonga (Viper) in einen der Räume kroch.

Unser Haus in Lewella, Kandy

Das Haus war genau richtig für uns. Es hatte ein geräumiges Wohnzimmer, so dass genug Platz vorhanden war für das Cembalo und etliche Orffsche Instrumente, die meine Eltern von Deutschland mitgenommen hatten. Links und rechts des Wohnzimmers waren zwei bzw. drei Zimmer und jeweils ein Bad. Eine Tür führte direkt in die angrenzende Garage, die mit löchrigen Steinen gebaut war, so dass genug Luft hereinkam. Da bei uns Garagen grundsätzlich nicht für Autos gebraucht wurden, bekam ich die eine Hälfte davon als Zimmer und mein Vater die andere Hälfte als Arbeitszimmer. Wenn ich heute daran denke, kommt mir das kalte Grausen: Bei den offenen Steinen konnten die Schlangen ja leicht hineingelangen. Zum Glück haben meine Eltern aber sehr bald an diese löchrigen Steine und an die Fenster im Haus engmaschigen Moskitodraht angebracht, der nicht nur Moskitos, sondern wahrscheinlich auch viele Schlangen von uns ferngehalten hat.

2. Wie ein Haus ein Zuhause wird

Von Kisten, Schränken und Haushaltshilfen

Die ersten Wochen lebten wir aus unseren Koffern. Betten mit Matratzen waren uns fürs Erste netterweise geliehen worden. Die große Überraschung kam allerdings am nächsten Tag, als wir übersät waren mit Wanzenstichen, die furchtbar gejuckt haben. So mussten die Matratzen erst einmal tagsüber eine Sonnenkur machen, um von den Wanzen befreit zu werden. Wie auch immer das funktionierte, wir hatten bald unsere Ruhe vor den pieksenden Stichen. Zum Glück wurden uns bald schon die Kisten vom Schiff mit unseren ganzen Sachen geliefert, so dass unser schönes Haus zu unserem neuen zu Hause werden konnte. Die Umzugskisten ergaben Kleiderschränke und Bücherregale, denn es war sehr schwer, überhaupt gute Möbel in Sri Lanka zu bekommen. Wunderschön und gemütlich haben meine Eltern trotzdem alles hergerichtet und nach und nach mit Schränken und Korbsesseln das Wohnzimmer wohnlich gemacht. Das arme Cembalo hatte unter der Hitze und Luftfeuchtigkeit zwar etwas gelitten, aber bald schon konnte meine Mutter ihren Lieblingskomponisten J. S. Bach wieder erklingen lassen oder Lieder von Paul Gerhardt spielen, so dass wir uns fast wie zu Hause in Schwelm fühlten.

Meine Eltern hatten sich – wie sie uns später erzählten – lange überlegt, ob es gut wäre, alle diese Instrumente und andere Dinge unserer deutschen Kultur in so ein armes Land mitzunehmen. Ob es nicht als Angeberei gewertet würde? Aber sie haben es schließlich doch getan – zumal der Präsident der methodistischen Kirche, Rev. Denzil de Silva (der Bruder von Rev. Roy de Silva), sie auch sehr dazu ermutigt hatte. Sie wollten uns Kindern zumindest nicht im Kulturbereich entwurzeln, sondern uns zu der neuen Kultur in Sri Lanka auch die deutsche mitgeben – und das ist ihnen gut gelungen! So mussten nicht nur die Musikinstrumente mit, sondern auch das Kasperletheater samt Puppen. Als wir später den Kindern dort Kasperletheater vorspielten, waren sie hellauf begeistert davon! Ebenso kamen die ganzen Materialien für die Weihnachtsbastelei wie auch die Krippenfiguren und aller Weihnachtsschmuck mit. So sah unsere Weihnachtstube nicht viel anders aus als in Deutschland.

Die zweite Frage, die sich meine Eltern – allerdings erst in Sri Lanka – stellten, war, ob es gut wäre, Bedienstete zu haben. Schließlich wollten sie ja keinen ausnutzen. Aber diese Frage erledigte sich ganz schnell von selber: Kaum waren sie da, fragten Leute schon nach, ob sie bei uns arbeiten könnten. Es hätte keiner verstanden, wenn wir Weiße, die wir Geld hatten, es nicht mit ihnen geteilt und Arbeitsplätze geschaffen hätten. Natürlich war gerade auch meine Mutter für jede Hilfe dankbar. Schon allein das Einkaufen wäre eine Katastrophe geworden, da es z.B. auf dem Markt keine Festpreise gab, sondern um alles durch Handeln gefeilscht wurde. So war sie sehr dankbar, dass die Frau des methodistischen Pfarrers gleich am zweiten Tag Agnes als Köchin zu uns ins Haus brachte. Agnes war damals 30 Jahre alt und wurde zu unserer absoluten Perle! Später habe ich sie einmal gefragt, wie sie das damals empfunden hat, bei uns wohnen und kochen zu müssen. Sie erzählte: „Als ich vier Jahre alt war, starb meine Mutter. Mein Vater schickte mich zu einer Familie, in der ich im Haushalt gearbeitet und gewohnt habe. Von morgens bis abends musste ich schwer arbeiten." Und mit einem kleinen Zwinkern im Auge und breitem Lächeln sagte sie mir, dass das Leben bei uns für sie fast wie eine Erholung war. Sie wurde nicht nur gut behandelt (für uns selbstverständlich), sondern musste ihrer Meinung nach auch nicht halb so viel und schwer arbeiten. Bis heute sind meine Eltern mit ihr eng verbunden und sorgen für sie, jetzt wo sie alt geworden ist. Wir Kinder hatten damals allerdings alle großen Respekt vor Agnes. Meine Mutter verbot ihr, uns Kindern zwischendurch zu essen zu geben (aus Gesundheitsgründen – furchtbar!) und so jagte sie uns immer aus der Küche, wenn wir uns heimlich etwas stibitzen wollten. Sie konnte außerdem so furchterregend auf Singhalesisch schimpfen, dass wir ganz schnell geflüchtet sind.

Agnes später in Augustawatte

Kesevan war zunächst unser Fahrer und später, als Mr. Fernando Fahrer bei uns wurde, unser Gärtner. Kesevans Vater hatte bisher *unser* Haus für den Besitzer überwacht und uns dann die Schlüssel beim Einzug überreicht. So lernten wir diese große Familie mit acht Kindern kennen. Gerade am Anfang war es sehr wichtig, einen Fahrer zu haben. Er musste viele Dinge erledigen, zu denen mein Vater gar nicht die Zeit gehabt hätte. Meine Mutter traute sich bei der chaotischen Fahrweise der Leute und dann noch dem Linksverkehr sowieso zunächst nicht, selber zu fahren. Frau Senaratna, die den Eltern Singhalesisch und uns Englisch beibrachte, lieh uns netterweise ihren alten Ford. Der verbrachte allerdings jeden Tag mehrere Stunden in der Werkstatt, bis endlich alle Zündkerzen ausgetauscht und sonstige *Schäden* behoben waren. Das hat dann zum Glück der *Driver* gemacht, denn wenn das Auto in der Werkstatt ohne Aufsicht stehen gelassen worden wäre, hätten am nächsten Tag wahrscheinlich mehr Teile gefehlt, als eingebaut wurden. Bald aber bekam mein Vater von der VEM einen Dienstwagen, einen Peugeot 404 mit drei Sitzreihen, den wir auch als Familie benutzen durften. Dass wir ein Auto hatten, hat sich natürlich schnell herumgesprochen, und an Leuten, die gerne in die Stadt mitgenommen werden wollten, mangelte es nie.

Als meine Eltern immer wieder gefragt wurden, ob sie nicht auch einen Gärtner gebrauchen könnten, schafften sie sich extra noch eine Kuh an, um genug Arbeit für den Gärtner zu haben. Die Wiese neben dem Haus war groß genug und die frische Milch bei fünf Kindern natürlich auch nicht zu verachten. So konnte ich sogar lernen, wie man eine Kuh melkt, was mir großen Spaß gemacht hat. Nach dem Melken habe ich dann genussvoll in der Küche die noch warme Milch getrunken. Die schmeckte mir am allerbesten.

Heimmolkerei und andere Leckerbissen

Meine Mutter begann auch gleich mit einer kleinen Heimmolkerei: Aus der Milch wurde durch die tropische Wärme innerhalb eines Tages Dickmilch – äußerst lecker mit Zimt und Zucker. Den frisch abgeschöpften Rahm verwendete sie als Butter. Kaufen konnte man nämlich nur gesalzene Margarine, die unter süßer Marmelade natürlich nicht so gut schmeckte. Aus der übriggebliebenen Dickmilch machte meine Mutter Quark, indem sie die Dickmilch in einem Tuch austropfen ließ. Die Molke, die herunter tropfte, wurde dann als leckere Buttermilch getrunken. Diese einfache Methode fand ich genial.

Da meine Mutter das scharfe, einheimische Essen nicht gut vertrug (genannt *Rice and Curry*), brachte sie Agnes sehr schnell die deutsche Küche bei. Später hat Agnes mir verraten, dass das für sie eine riesige Erleichterung war: Für sri-lankisches Essen hätte sie nämlich Stunden gebraucht, statt der einen Stunde für Reis oder Kartoffeln mit Fleisch, Soße und einfach gedünstetem Gemüse. Salat gab es natürlich auch und manchmal zum Nachtisch Obstsalat mit oder ohne Vanilleeis. Für die ceylonesische Küche hätte sie viel länger gebraucht, da alles mit Kokosnussmilch gekocht wird, die sie erst von Hand hätte mühsam herstellen müssen.

So bekamen wir zu Hause sehr selten landestypisches Essen. Wenn wir aber einmal eingeladen waren und es extra für uns nicht so scharf gekocht wurde, fanden wir es sehr lecker. An den ersten Abend, als wir bei einer Familie zum Abendessen eingeladen waren, erinnere ich mich sehr gut. Wir kamen gegen 19.00 Uhr dort an und wurden ins Wohnzimmer geleitet. Was wir noch nicht wussten war, dass es in Sri Lanka üblich ist, das Essen erst am Schluss eines Besuches zu servieren. Außerdem servierten die

Gastgeber das Essen den Gästen, aßen aber selber nicht mit. So saßen wir Kinder geschlagene zwei Stunden mit einem großen Hunger im Bauch in diesem Wohnzimmer und warteten auf das Essen, dessen guter Geruch schon durch die Küche zu uns hereinkam. Auch meine Eltern waren unruhig, weil sie Angst hatten, dass wir uns vor lauter Hunger daneben benehmen könnten. Als sie uns dann aber endlich zu Tisch baten, merkten wir sehr schnell, dass sich das geduldige Warten wirklich gelohnt hatte – es schmeckte einfach köstlich.

Das von Agnes gekochte, deutsche Essen mochten wir allerdings auch sehr gern. Nur zum Frühstück sind wir von unserer Mutter eine Weile gequält worden. Da mussten wir nämlich jeden Morgen ein Stück Papaya mitsamt den Kernen verspeisen, da letztere – zerkaut – angeblich gut gegen Würmer seien. Brrrrrr! Und all der Aufwand war umsonst, denn Würmer mitsamt scheußlicher Wurmkur bekamen wir trotzdem. Aber den Versuch war es wohl wert. Umso leckerer waren dafür Mangos, frische Ananas und die kleinen und großen Bananen. Es gibt in Sri Lanka allein an die 30 verschiedene Bananensorten, gelbe, grüne und rote, bis hin zu Kochbananen. Und alle – zumindest damals noch – sonnengereift!

Nachbarn und das Dorf Lewella

Unser Haus lag etwas oberhalb des Dorfkerns von Lewella. Um dorthin zu gelangen, mussten wir erst zur Hauptstraße vorlaufen und dann noch ein ganzes Stück die Hauptstraße entlang hinunter ins Dorf. Das war bei der Hitze richtig beschwerlich. Deshalb freute ich mich sehr, als Kesevan mir irgendwann eine Abkürzung zeigte, die er jeden Tag benutzte, um zu uns zu kommen. Direkt hinter unserem Haus schlängelte sich ein schmaler Weg an dem Haus seiner Familie vorbei und dann weiter ins Dorf. Das Häuschen, in dem Kesevan mit seinen Eltern und Geschwistern lebte, war relativ klein und sehr einfach gehalten. Als ich bei meinem letzten Besuch in Sri Lanka die mittlerweile fast 100-jährige Mutter von Kesevan besucht habe, sagte sie (auf Singhalesisch), dass ich früher fast jeden Tag zu ihnen nach Hause gekommen wäre. An einige dieser Besuche kann ich mich noch erinnern. Ich habe mich sehr gerne mit ihr und den Geschwistern von Kesevan *unterhalten*. Sie auf Singhalesisch und ich so gut es ging auf Englisch, zur Not mit Händen und Füßen. Ab und zu durfte ich auch von dem guten Essen probieren, was ich sehr gerne tat.

In Lewella gab es eine Attraktion, zu der wir Kinder immer wieder gern hingegangen sind: eine sehr lange und sehr schaukelige Hängebrücke. Mitten durch das Dorf, das damit zweigeteilt war, floss der größte und längste Fluss Sri Lankas, der Mahaweli Ganga. Und diese wackelige Hängebrücke war die einzige Verbindung zwischen den beiden Dorfteilen. Es war schon ein Abenteuer, über sie zu gehen, denn man wusste nie genau, ob sie wirklich noch hielt oder ob die Seile mittlerweile morsch geworden waren. Ich glaube, meine Mutter sah es gar nicht gerne, dass wir manchmal alleine darüber gehüpft sind. Mir aber konnte es gar nicht wild genug sein, so dass ich noch kräftig selber mitgeschaukelt habe. Manchmal konnten wir von der Brücke aus auch Menschen sehen, die ihre Wäsche wuschen oder Kinder, die sich im Wasser am Rand tummelten. Oder wir sahen die Arbeitselefanten, wie sie von ihren Wärtern dorthin zum Baden geführt wurden. Da hätte ich stundenlang zuschauen können. Lieber noch wäre ich natürlich auf so einem Elefanten geritten, wozu wir erst später Gelegenheit bekamen. Jedenfalls war Lewella immer einen Spaziergang wert.

Unsere Mutter mit uns fünf Mädchen

3. Schule – in weißer Uniform

Die katholische Mädchenschule

Bis zu seiner Unabhängigkeit 1948 befand sich Sri Lanka lange Jahre unter verschiedenen Kolonialherrschaften: Portugiesen, Holländern und ab 1815 den Briten. Die haben das Land mit verschiedenen Traditionen trotz allem auch positiv geprägt. Besonders das Schulwesen mit Schulkleidung und vor allem den englischsprachigen Klassen, in denen das Oxford-Englisch gelehrt wurde, hat zumindest von den Briten profitiert. Wahrscheinlich waren es auch die Engländer, die die typisch englische Tradition der *tea time* im Land eingeführt haben. Denn bis heute wird dort um 6:00 Uhr morgens der *6 o'clock morning tea* getrunken, um 10:00 Uhr dann die nächste Tasse, später um 14:00 Uhr und 17:00 Uhr; jeweils schön stark, mit viel Milch und Zucker – und immer nur eine Tasse.

Die Tradition der Schulkleidung war für uns Kinder allerdings relevanter. Es waren weiße Kleider für die Mädchen, kurze blaue Hosen mit weißem Hemd für die kleinen Jungen und lange weiße Hosen mit weißem Hemd für die Jungen, die nicht mehr in der Grundschule waren. Allerspätestens als wir nach dem Ausnahmezustand endlich in die Schule gehen konnten, war meine Mutter froh, Anne und später Bernie zu haben, denn sie haben die komplizierten, weißen Faltenrock-Schulkleider für uns drei ältesten Mädchen gebügelt. Bei der hohen Luftfeuchtigkeit schwitzten wir so viel, dass wir jeden Tag ein frisches Kleid brauchten. Unser Vater war auch jeden Tag eingespannt. Denn er musste unsere Krawatten für uns binden. Lustig war, dass die Jungen in den

Jungenschulen keine Krawatten anziehen mussten, wohl aber die Mädchen in den Mädchenschulen. Jede der Mädchenschulen unterschied sich durch die Farben und Muster der Krawatten. Unsere hatte blau-weiße Schrägstreifen. Für die arme Bevölkerung war das mit der Schultracht gar nicht so einfach. Viele Kinder hatten nur ein einziges Schulkleid oder ein weißes Hemd. Das wurde jeden Tag nach der Schule gleich gewaschen und gebügelt, damit es am nächsten Tag wieder angezogen werden konnte. Bei mehreren Kindern haben die Mütter manchmal bis nachts daran gesessen, da die Wäsche bei der hohen Luftfeuchtigkeit nur ganz langsam trocknete und eigentlich immer etwas klamm blieb.

In Schulkleidung

Ziemlich bald schon sind wir mit dem Bus in die Schule gefahren. Beim ersten Mal gab meine Mutter uns für das Fahrgeld ungefähr den entsprechenden Wert einer Fahrkarte in Deutschland mit. Wir machten vielleicht Augen, als wir fast alles wiederbekamen. Ich glaube, ein Ticket hat umgerechnet nicht mehr als 5 Cent nach unserer europäischen Währung gekostet. Abenteuerlich war aber die Fahrt selbst: Als Busse waren die alten ausgedienten roten, englischen Busse eingesetzt, die riesige, pechschwarze Abgaswolken hinter sich herzogen. Die Türen wurden nie geschlossen, so dass nicht nur im Inneren die Leute dicht zusammengequetscht standen, sondern auch eine Traube von bis zu 10 Leuten auf dem Trittbrett stand. Oft konnten diese Menschen sich nur mit einer Hand an irgendeiner Stange festhalten. Meistens hingen die Busse hinten so tief herunter, dass sie in einer Kurve auf dem Boden aufsetzten und der Busfahrer erst noch einmal rückwärtsfahren musste, um überhaupt um die Kurve zu kommen. Dazu kam die stickige, schwüle Hitze, die allerdings morgens um kurz nach sieben auf dem Weg zur Schule zum Glück noch nicht so schlimm war. Am großen Busbahnhof, direkt am Marktplatz mitten im Zentrum der Stadt Kandy, mussten wir aussteigen und dann durch das bunte Markttreiben mit den vielen Straßenständen, die nicht nur Lebensmittel, sondern auch Kleider und Spielzeug feilboten, noch ungefähr 15 Minuten zur Schule laufen. Neben den vielen, alten Männern, Frauen und besonders Kindern, die am Straßenrand um Almosen baten, ist uns ein Bettler besonders aufgefallen (und wir ihm!): Jeden Morgen rief er uns lautstark entgegen: *the three sisters* – die drei Schwestern. Allerdings sprach er das H nie aus, so dass es klang wie *the tree sisters* – die Baumschwestern. Ein wenig hat das Oxford-Englisch in der asiatischen Aussprache doch gelitten.

Der Busbahnhof in Kandy

Ich erinnere mich noch sehr gut an unseren ersten Schultag in der *Good Shepherd Convent-Mädchenschule,* die von katholischen Schwestern geleitet wurde. Obwohl wir jetzt schon mehrere Wochen im Land waren, haben wir uns doch noch schwergetan, Englisch zu verstehen, geschweige denn zu sprechen. Ich sehe mich noch mitten im Klassenzimmer stehen, umringt von einer Horde neugieriger Mädchen, die mir alle auf einmal alle möglichen Fragen stellten. Die Wichtigste war: „Do you come from England or from Germany?" da ich definitiv nicht aus England kam, habe ich auf gut Glück *Germany* gesagt, obwohl ich noch nie vorher gehört hatte, dass Germany Deutschland heißt. Dann die nächste Frage: „From East or West?" Dass da die Frage dahinter stand, ob ich aus der damaligen DDR stamme, habe ich natürlich auch nicht kapiert, geschweige denn, dass ich damit gerechnet hätte, dass neun bis zehnjährige, giggelnde Mädchen aus Asien sich in deutscher Geschichte auskannten. Es hat mich schon etwas beschämt, wie wenig ich dagegen von ihrem Land und ihrer Geschichte bis dahin kannte. Zum Glück hatte ich auch hier richtig geraten. Jedoch war ich froh, als ich dieses erste Kreuzverhör einigermaßen gut überstanden hatte.

Vom Unterricht verstand ich allerdings wenig und deshalb freute ich mich als die Mathematiklehrerin mich fragte, ob ich zu Hause eine *box of instruments* hätte und wenn ja, ob ich sie am nächsten Tag mit in die Schule bringen könnte. Leider habe ich nur *Instrumente* verstanden und von denen hatten wir zu Hause ja wahrlich genug. Im Stillen überlegte ich schon, welches von den Orffschen Instrumenten oder welche der Flöten ich mitbringen würde. Bis ich am Nachmittag nach Hause kam – die Schule dauerte jeden Tag bis 15:00 Uhr – war das allerdings wieder vergessen. Zum Glück hatte mein Vater uns gerade an dem Tag Zirkelkästen besorgt und als die Lehrerin am nächsten Tag zu mir sagte: „Ah, da ist ja deine *box of instruments*, ging mir erst ein Licht auf. War ich froh, dass ich nicht mit irgendwelchen Musikinstrumenten in der Schule aufgetaucht war! Eigentlich hätte ich mich ja schon darüber wundern müssen, dass ausgerechnet die Mathematiklehrerin Musikinstrumente sehen wollte.

Die Lehrerinnen, und besonders die katholischen Schwestern unter ihnen, führten ein strenges Regiment. Quirlig wie ich war, ließ ich mich durch das viele Neue oft ablenken und musste so manche Stunde in der Ecke oder auf dem Stuhl stehend verbringen. Eine andere beliebte Strafe war, die Handinnenfläche von uns Mädchen mit einem Lineal (und zwar mit der Kante) zu bearbeiten. Das tat wirklich sehr weh. Den Jungen erging es, wie wir später auf einer anderen Schule erfuhren, allerdings noch schlechter. Sie bezogen richtige Prügel mit dem Rohrstock.

Schulalltag

Ab und zu war samstags in der Schule Putzdienst. Da mussten wir die vielen, kleinen Butzenscheiben unseres Klassenzimmers putzen – und zwar mit Kreide und Zeitungspapier. Ich wusste gar nicht, dass das so gut funktioniert. Trotzdem hassten wir diese Arbeit, denn es war eine endlose Rubbelei! Da haben wir schon lieber auf dem Schulsommerfest im Juli, kurz vor den Ferien, deutsche Waffeln und selbstgebackene Hörnchen verkauft. Die waren der Renner. Für uns war natürlich *Watallapam*, eine sri-lankische Spezialität, viel interessanter. Es ist eine Art Karamellpudding, zubereitet aus vielen Eiern, Kokosnussmilch und *Juggery*. Dieser *Juggery* gibt dem im Wasserdampf gegarten Pudding seine typische braune Farbe. Er wird hergestellt indem die Flüssigkeit, die aus der Knospe des *Kithul*baumes (bevor die Blüte sich öffnet) gewonnen wird, zu Sirup verarbeitet oder auch kristallisiert wird.

Das Einzige, was ich an der Schule wirklich absolut furchtbar fand, war der Sport. Die Jungen konnten in ihren Schulen herrlich Rugby und Cricket spielen, aber wir Mädchen mussten in der Sportstunde über den Schulhof marschieren und das in der schlimmsten Mittagshitze! Einmal ist ein Mädchen glatt ohnmächtig geworden, was wenigstens ein wenig Abwechslung brachte. Trotzdem war ich sehr froh, dass es die Möglichkeit gab, auf eine ganz normale Schule in Kandy zu gehen. In Colombo (zwei Stunden Autofahrt von Kandy entfernt) hätte es zwar eine internationale Schule gegeben, wo alle anderen ausländischen Kinder (z.B. von den Botschaftsangehörigen) waren. Aber meine Eltern wollten uns nicht ins Internat stecken. Schwieriger wäre es ohne Englischklasse gewesen. So aber konnten wir sogar per Fernkurs das Londoner O- und A-Level (Mittlere Reife und Abitur) machen, das auch in Deutschland zum Studium berechtigt.

Überhaupt war das Schulsystem dem englischen Schulsystem sehr nahe. Es gab keine Zwischenabfragen und auch keine mündlichen Noten, ja noch nicht einmal tägliche Schularbeiten. Der ganze Stoff musste in der Schule mitgeschrieben und danach zu Hause auswendig gelernt werden. Zum Halbjahresende und Jahresende gab es dann Prüfungen, in denen alles auswendig Gelernte reproduziert werden musste. Allein die Prüfung am Ende des Schuljahres entschied über Bestehen oder Nichtbestehen des ganzen Jahres. Ich war immer froh, wenn es *multiple choice questions* gab. Da gab es wenigstens mehrere Antworten, aus denen man sich eine zum Ankreuzen aussuchen konnte. Ich habe mich ganz schön durch die Prüfungen geraten, denn ich wollte mit zehn Jahren nachmittags natürlich viel lieber draußen mit Pfeil und Bogen Indianer spielen, als Dinge auswendig lernen, die ich sowieso erst in einem halben oder sogar ganzen Jahr zur Prüfung brauchen würde. Irgendwie weiß ich bis heute nicht, wie ich da immer durchgekommen bin. So richtig systematisch lernen musste ich erst, als ich mich in der 10. Klasse auf das O-Level vorbereitete.

Nach ein paar Wochen, als wir uns in der Schule so einigermaßen eingelebt und jede von uns auch schon eine Klassenkameradin als Freundin auserkoren hatte, steckten uns unsere Eltern kurzerhand für drei Wochen zu eben dieser Freundin nach Hause, damit wir schneller in die englische Sprache hineinfinden würden. Selber erinnere ich mich daran nicht, aber meine Schwester Liebgard erinnert sich gut daran. Für sie war es eine sehr schöne Zeit. Ich glaube, wir fanden es alle ganz gut, einmal so richtig sri-lankisch zu leben, mit anderem Essen und anderen Gewohnheiten. Außerdem ließen uns unsere Eltern in der Anfangszeit auch Nachhilfeunterricht geben. Das half uns sehr, so dass wir alle drei das erste Schuljahr dort gut über- und bestanden.

Das Schuljahr fängt in Sri Lanka immer im Januar an und ist in drei Trimester aufgegliedert. Das Schöne daran war, dass es nach drei Monaten Schule jeweils einen ganzen Monat Ferien gab. Böse Zungen sagen, dass Sri Lanka das Land ist, in dem am wenigsten gearbeitet wird, da es die meisten Feiertage hat. Wenn sämtliche Feiertage aller vertretenen Religionen frei sind, kommt da ganz schön viel zusammen: Buddhismus, Hinduismus, Islam, Christentum, um nur die Wichtigsten zu nennen. Ein sogenanntes Wochenende gibt es allerdings erst seit Ende 1971. In unserem ersten Schuljahr in Sri Lanka hatten wir sowohl am Samstag als auch am Sonntag Unterricht. Stattdessen gab es – wie bis heute, da es ein wichtiger buddhistischer Feiertag ist, – jeden Vollmondtag frei (genannt *Poya*). Das beinhaltete als Feiertage alle vier Mondphasen, so dass jede Woche ein Tag frei war: Vollmond, Halbmond, Viertelmond und Dreiviertelmond. Ich erinnere mich noch gut, was für ein Kuddelmuddel das manchmal war, weil sich der betreffende Wochentag, natürlich immer wieder änderte. Manchmal wurde der freie Tag sogar aus irgendwelchen politischen oder religiösen Gründen verschoben. Da der Sonntag ein ganz normaler Arbeitstag war, feierten die Kirchen immer am Sonntagmorgen schon um 7:00 Uhr Gottesdienst, und die Leute sind erst danach zur Arbeit und wir zur Schule gegangen. So waren wir nicht unglücklich als Ende 1971 dieses System geändert wurde. Samstag und Sonntag waren nun schulfreie Tage. Der Vollmond-Tag *Poya* blieb als Feiertag natürlich trotzdem bestehen.

Endlich Ferien!

Da wir erst im Juli zur Schule gehen konnten, bekamen wir nach nur einem Monat Unterricht gleich den ganzen August Ferien. So hatten wir endlich Zeit, als Familie ein wenig das Land zu erkunden. An den allerersten Strandurlaub an der Ostküste des Landes erinnere ich mich bis heute noch sehr gut. Schon die Fahrt dorthin war abenteuerlich. Meine älteren Schwestern hatten am letzten Schultag noch länger Schule als ich, so dass mein Vater mit ihnen in dem alten Ford, den er noch einmal von Frau Senaratna ausgeliehen hatte, nachgekommen ist. Meine Mutter und wir Jüngeren sind mit unserem Fahrer schon mittags im Peugeot gefahren. Die Straßenverhältnisse waren mit vielen großen Schlaglöchern nicht gerade die besten, aber die wilde, unberührte und wunderschöne Landschaft entschädigte für das Gerumpel und Durchgeschüttelt werden.

So waren wir froh, nach sieben Stunden Autofahrt endlich in unserer kleinen, absolut primitiven Hütte angekommen zu sein. Meine Mutter inspizierte erst einmal die Räume, ob auch keine Schlangen oder Skorpione drin waren. Fließend Wasser gab es nicht, aber direkt vor dem Haus war ein richtiger Brunnen, der mit Eimer auch als Dusche fungierte. Für die Toilettenspülung mussten wir dieses Brunnenwasser dann ins Haus tragen. Wir waren ja schon froh, dass überhaupt im Haus eine Toilette vorhanden war! Elektrisches Licht gab es allerdings nicht – und ich höre noch heute das Geräusch der starken und richtig hellen Gaslampe (Petromax Starklichtlampe), das sogar das laute Zirpen der tropischen Grillen übertönte. Irgendwie hatte ich damals keine Angst – aber meine arme Mutter muss richtig gelitten haben: Um uns herum war es stockfinster, das Haus ziemlich offen, so dass in der Dunkelheit alle möglichen Viecher hätten hereinkriechen können. Und dann versuchte sie auch noch vergeblich herauszufinden, warum mein Vater mit meinen Schwestern nicht kam. Ein Telefon war natürlich nicht vorhanden. Erst am nächsten Morgen erfuhren wir, dass deren Auto zusammengebrochen war, sie in einem Rasthaus übernachten und warten mussten, bis am nächsten Tag das Auto in einer Autowerkstatt notdürftig repariert werden konnte. Aber als sie dann endlich da waren und wir uns alle an die einfachen Verhältnisse des Hauses gewöhnt hatten, war es ein wunderschöner Urlaub.

Der Strand lag zwar nur einen kleinen Fußweg entfernt vom Haus – aber den Fehler, ohne Schlappen oder Sandalen dahinzulaufen, haben wir nur einmal gemacht. Da der Sand auf dem Weg zum Meer so überaus heiß war, stellten Liebgard und ich uns immer wieder auf unsere Sonnenhüte, um die Füße abzukühlen. Schließlich wollten wir nicht den Rest des Urlaubs mit Brandblasen an den Füßen verbringen. Damals gab es in Sri Lanka noch kaum Touristen. Wir konnten es nicht fassen, einen kilometerlangen Strand – wahrscheinlich die ganze Ostküste – nur für uns allein zu haben. Die meisten Sri-Lanker konnten nicht schwimmen, so dass kaum einer am Strand zu sehen war. Lediglich einige Fischer saßen im Sand, um ihre Netze zu flicken, nachdem sie mit ihren Fischerbooten vom Nachtfang zurückgekommen waren. Das Lustige an den schmalen, fast kanuartigen Booten waren die zwei langen, gebogenen Balken, die quer aus dem Boot herausragten, und durch einen dicken Längsbalken, der auf dem Wasser aufkam, das schmale Boot am Kentern hinderte. An einem Tag buchte mein Vater eine Fahrt in so einem Fischerboot. Das war eine abenteuerliche und sehr schaukelige Angelegenheit. Ich war froh, irgendwann wieder festen Boden unter den Füßen zu haben. Da gefiel mir das Baden im Meer schon viel besser. Das Wasser war wunderbar warm und sehr sauber. Anfangs machten wir – nach deutscher Art – lange Strandspaziergänge, ja sogar 1000-Meter Läufe. Aber das haben wir bei der schwülen Hitze mit der Zeit stillschweigend gelassen und uns lieber vom warmen Meerwasser umspülen lassen. Da wir immer nur vor 10:00 Uhr und nach 15:00 Uhr ans Meer durften (Sonnenbrandgefahr), hatten wir dazwischen viel Zeit, auf der schattigen Terrasse Rommé oder Canasta zu spielen. Diese schönen Tage im kleinen Fischerdorf Kalkudah werde ich nie vergessen.

Mit Bernie an der Ostküste

4. Kandy und der „Klo-Pastor"

Die *Kandy City Mission* (KCM)

Von der Arbeit meines Vaters haben wir Kinder am Anfang noch nicht viel mitbekommen – bis auf die Kinderstunden, die bald bei uns zu Hause stattfanden. Meine Eltern hatten, da im Haupthaus zu wenig Zimmer für uns alle vorhanden waren, einen Anbau neben das Haus gebaut, mit einem neuen Arbeitszimmer für meinen Vater, einem Gästezimmer und natürlich einer richtigen Garage. Aber – wie immer – wurde die nicht für das Auto gebraucht. Das konnte schließlich genauso gut in der Einfahrt direkt vor unserem Haus stehen. Nein, die Garage wurde unter anderem für die Kinderstunde verwendet und war meist gut gefüllt. Für die sri-lankischen Kinder waren wir Weißen die größte Attraktion. Ständig kamen welche und lugten scheu um die Ecke. Meine kleine Schwester Henrike wurde mit ihren eineinhalb Jahren als total süß empfunden und – zu ihrem Leidwesen – oft in die Wange gezwickt mit dem Ausruf: „cute, anee!" (ach wie süß!). So haben meine Eltern kurzerhand die Kinder in unsere Garage eingeladen – natürlich mit Einwilligung deren Eltern – und ihnen die biblischen Geschichten erzählt. Da die Kinder kein Englisch konnten, wurde ins Singhalesische übersetzt. Ich sehe noch heute die großen, dunklen Augen der Kinder vor mir, die gespannt lauschten. Wahrscheinlich haben sie sonst selten Geschichten erzählt bekommen. Und dann erinnere ich mich noch an die wunderschönen Bilder über die biblischen Geschichten, die von den Kindern gemalt worden waren und an der Garagenwand hingen. Die Fischerboote ähnelten zwar eher den sri-lankischen Fischerbooten, aber das machte überhaupt nichts aus. Auch ich habe begeistert mittendrin gesessen und die ganzen Geschichten zum ersten Mal auf Englisch und Singhalesisch gehört. Das war für mich genauso spannend. Als meine Schwester Liebgard älter war, hielt sie auch eine Zeitlang die Kinderstunden.

Ursprünglich sollte mein Vater in den Norden des Landes nach Jaffna gehen, um dort in einer reformierten holländischen Kirche Evangelisten für Sri Lanka theologisch zu begleiten und auszubilden. Der damalige Präsident der methodistischen Kirche, Rev. Dr. D. T. Niles, der meinen Vater für diese Aufgabe nach Sri Lanka berufen hatte, war aber bevor wir ins Land kamen mittlerweile leider verstorben. Sein Nachfolger Rev. Denzil de Silva wusste nichts von diesen Plänen. So sollte mein Vater in Kandy in Zusammenarbeit mit den verschiedenen christlichen Kirchen eine Stadtmission aufbauen.

Durch die Kolonialherrschaften gab es in Sri Lanka die verschiedensten Konfessionen christlicher Kirchen. In den siebziger Jahren waren die anglikanische, die methodistische, die reformierte, die baptistische Kirche und die Heilsarmee gerade inmitten sehr fruchtbarer Gespräche, um diese großen Kirchen miteinander zu vereinen. Als mein Vater nun nach Kandy kam, wurde er an diesem Prozess aktiv beteiligt. Wie er aber konkret eine Stadtmission aufbauen sollte, das wusste auch keiner so recht. So hat er die Dinge einfach auf sich zukommen lassen, im Gebet und im Vertrauen darauf, dass Gott ihm schon zeigen würde, was nötig wäre. Und wenn man jetzt im Nachhinein schaut, was Gott in diesen zwölf Jahren, die meine Eltern im Land waren, vollbracht und gewirkt hat, dann ist das geradezu ein Wunder. Denn nicht Gebäude, Sozialarbeit oder Geschäftstüchtigkeit ist letztendlich das, was zählt, sondern wie Gott Menschen verändert und durch sie auch die Welt verändert.

Zunächst aber tat mein Vater das, was jeder Pfarrer tut: Gottesdienste und Bibelarbeiten halten und Mitarbeiter gewinnen. Wichtig war ihm, da manche nicht so gut Englisch konnten, z.b. die Andachten in der Mittagspause in Singhalesisch und Tamilisch, die beiden Landessprachen, übersetzen zu lassen, so dass jeder der Angestellten und Mitarbeiter alles mitbekommen konnte. In Zusammenarbeit mit der KCF (*Kandy Christian Fellowship*, einer Arbeitsgemeinschaft der christlichen Kirchen in Kandy) wurde dann eines Tages die KCM gegründet. Der Vorstand bestand ganz bewusst aus Menschen der verschiedenen Kirchen und kirchlichen Organisationen (z.B. CVJM). Es war notwendig, einen vom Staat Sri Lanka anerkannten eingeschriebenen Verein zu haben und auch gerade in finanzieller Hinsicht sehr genau und gewissenhaft zu arbeiten. Bei den vielen Spenden, die im Laufe der Jahre gegeben wurden, war es außerdem sehr wichtig, einen vertrauenswürdigen und von allen anerkannten Schatzmeister einzustellen. Wir Kinder bekamen von all dem nicht viel mit. Doch dann wurde mein Vater Stadtgespräch, nämlich als „Klo-Pastor". Und das kam so:

Toiletten und andere Bauwerke

Am Ende des ersten Jahres in Sri Lanka schrieben die Eltern in ihrem zweiten Rundbrief:

„Durch die Gottesdienste sind nun etliche Leute auf die Arbeit aufmerksam geworden, die nun bereit sind, an anderen Stellen mitzuarbeiten. Wir haben manche Kontakte geschlossen. U.a. meldete sich ein Mann, der früher in der Stadtverwaltung arbeitete und die Slums von Kandy kennt, zur Mitarbeit. Wir besuchten zusammen

mit unserer Halbtagssekretärin, Charlotte David, eines dieser Gebiete. Auf einem Gelände fast im Zentrum der Stadt, das nicht einmal einen Hektar groß ist, leben in 44 sogenannten Häusern, besser Zimmern mit Außeneingang, ca. 500 bis 800 Menschen. An einer Ecke des Gevierts sind 16 Toiletten (alle ohne Türen!), von denen etliche nicht mehr arbeiten. Dieses Gebiet wollen wir uns vornehmen, die Selbsthilfe der Leute anregen und zunächst die sanitären Verhältnisse verbessern. Parallel dazu soll unsere Sekretärin mit einer anderen Frau Kinderstunde halten. Dann soll noch eine Klasse zum Englischlernen (das war ein weiterer Wunsch der Leute dort) eingerichtet werden. Betet mit! Wir hoffen, dass wir uns finanziell nicht übernehmen. In der kommenden Woche findet dann das erste Seminar für Family-Guidance, für Familienerziehung statt."

Und dann 4 Monate später im März 1972 stand im nächsten Rundbrief:

„Nun sind wir inzwischen über zehn Monate im Lande. Wir können es kaum fassen, dass schon fast ein Jahr im neuen Dienst vergangen ist. Allmählich sind wir hier völlig zu Hause. Der Anbau zur Errichtung eines Arbeits- und eines Gästezimmers ist erstellt. Und die Gäste, die wir im letzten Rundbrief eingeladen haben, sind nicht ausgeblieben. Wir hatten Hochsaison! Welche Freude haben uns die vielen Besuche von Freunden aus Deutschland und von uns bisher unbekannten Menschen aus verschiedenen Ländern bereitet. Für unsere Kinder ist das immer eine Bereicherung und für die Arbeit auch, wie sich inzwischen herausgestellt hat. Unsere Gäste haben über 5,000 Rupien gespendet, die uns den Start im Slumgebiet ermöglichten. Allen Gebern einen ganz herzlichen Dank. Ihr hättet am 6.3. die Freude miterleben sollen, als unter den Klängen eines CVJM Westbund Posaunenchores und in Gegenwart von Inspektor Schekatz von der VEM die Arbeit durch unseren Vorsitzenden De Silva freigegeben wurde! Das ganze Dorf mit den über 300

Einwohnern war auf den Beinen. Die Kirchen und auch die Presse
nahmen regen Anteil. Nun helfen die Leute aus dem Gebiet fleißig
mit, ihr Wohngebiet menschlicher zu machen. ... Freiwillige Mit-
arbeiter helfen mit. Firmen spenden noch, damit wir alles zusam-
menbekommen; denn das bisherige Geld reicht natürlich nicht aus.
Es ist aber erfreulich zu sehen, wie nun auch hier Hände willig wer-
den, zu geben. Im Dezember hatten wir begonnen, die Kinder dieses
Gebietes zu sammeln, damit sie zu ihrem Schulunterricht Hilfe be-
kommen, die ihnen zu Hause oft fehlt. Unsere Sekretärin leitet mit
zwei freiwilligen Mitarbeiterinnen diese Arbeit. Etwa zwanzig Kin-
der kommen regelmäßig. – Seit dieser Woche kümmern sich auch
die Damen des YWCA (Christlicher Verein junger Frauen) um die
Familien, um Möglichkeiten für einen Nebenerwerb zu finden, da-
mit die Verarmung überwunden werden kann. Wir beten darum,
dass Gott uns in diesem Gebiet auch eine Tür für das Wort auftun
möchte. ... Was bedeutet alle irdische Hilfe, wenn das Entscheiden-
de verborgen bleibt?"

So gut die Toiletten waren und sind, viel wichtiger war, dass diese Ärmsten der Armen aus ihrer sozialen Isolation herausgeholt
wurden und ganz neu Kontakt zu anderen Einwohnern Kandys
bekamen. Geld allein macht noch keinen neuen Menschen. Wichtig war auch, dass die Hilfe nicht an irgendwelche Bedingungen
geknüpft war. Mein Vater sagte immer: Wer Hilfe braucht, soll sie
bekommen, und zum Gottesdienst wird freiwillig eingeladen. Wie
groß die Not wirklich war, hat man dann bei Baubeginn gemerkt.
Als die Handwerker das Baumaterial zur Wirkungsstätte gebracht
hatten und am nächsten Tag mit der Arbeit an den Toiletten beginnen wollten, war von dem gesamten Material nichts mehr da.
In der Nacht hatten alle aus dem Slumgebiet sich bedient, um
erst einmal ihre Hütten notdürftig zu reparieren. „Macht nichts",
sagte mein Vater, „so sind jetzt wenigstens die Behausungen der

Menschen schon repariert". Es dauerte dann zwar etwas länger, bis wieder genug Geld für neues Material da war, aber dann gingen die Bauarbeiten zügig voran, so dass die Toiletten im Sommer 1972 fertig gestellt werden konnten. Herzlich lachen mussten wir allerdings, als, nachdem im Sommer alles fertig war, die Polizei aus Kandy vorsichtig bei meinem Vater anfragte, ob sie nicht auch von ihm so stabile und gute Toiletten gebaut bekommen könnte. Warum nicht dem *Freund und Helfer* helfen. So erhielt auch die Polizei in Kandy drei ganz neue, stabile Toiletten, für die sie sehr dankbar war.

Der Posaunenchor, der beim Baubeginn geblasen hatte, tat am Abschiedsabend in Colombo noch etwas Wunderbares: Nicht nur, dass viele der Bläser und Bläserinnen für das Slumgebiet etwas spendeten. Nein, am Strand des Cabana Hotels, dessen Zimmer aus einzelnen auf Stelzen stehenden Hütten bestanden, haben sie feierlich meinem Vater ihre sämtlichen Posaunen, Trompeten und sogar eine Tuba als Geschenk überreicht, damit er in Sri Lanka den vielleicht ersten kirchlichen Posaunenchor gründen konnte. Mein Vater war seit seiner Kindheit und besonders natürlich als CVJMer begeisterter Bläser. Ich war über diese Instrumentenspenden besonders froh, denn so konnte ich hoffen, jetzt endlich auch das Trompete blasen beigebracht zu bekommen, um dann später im Posaunenchor mitspielen zu können.

Wer will Trompete blasen lernen?

Unser Posaunenchor

49

5. Von Gästen, Tieren und anderen Hausbewohnern

Bekannte und Unbekannte

Gleich zum ersten Weihnachtsfest kam unser Lieblingsbesuch: Renate Kreft, von Beruf Näherin, Erzieherin und Hebamme. Mit 16 Jahren war sie für ein Jahr bei uns in Schwelm im Haushalt gewesen. Seitdem gehörte sie für uns Kinder fest zur Familie. Nach der Geburt meiner jüngeren Schwester Brigitte wurde sie eine ihrer Patinnen. Zusammen mit Frau Margret Kuhl, der früheren Sekretärin meines Vaters beim CVJM, kam sie bei uns in Lewella an und wurde von uns fünf Mädchen auf das Stürmischste begrüßt. Wir haben sie und uns mitsamt unserer Kleidung sogleich unter Jubelgeschrei in unserem winzigen Swimmingpool (eher ein gemauertes, ovales Planschbecken) versenkt. Ja, der Lärm war so groß, dass die Nachbarn am nächsten Tag mit Essenssachen zu uns kamen, weil sie dachten, bei uns wäre jemand gestorben und wir hätten die Totenklage angestimmt. In Sri Lanka wurden dazu extra Leute angeheuert, die tagelang die Totenklage sangen. Das war uns sehr peinlich, aber zum Glück mussten die Leute lachen, als sie den wahren Grund unseres Geschreis erfuhren. Jedenfalls war es mit den beiden ein wunderschönes Weihnachtsfest.

Sie blieben nicht die einzigen Besucher. Wir Kinder freuten uns natürlich auch über die vielen guten Dinge, die sie aus Deutschland mitbrachten. Leider nahm meine Mutter besonders die Süßigkeiten erst einmal in Verwahrung. Wenn aber einmal eine Tafel Schokolade feierlich verteilt wurde, geschah das gleich unter mindestens zehn Leuten, weil Agnes und die anderen natürlich auch sehr gerne Schokolade aßen. So bekam man zwar höchstens ein oder zwei kleine Stücke, aber die waren dafür umso köstlicher. Die sri-lankische Schokolade schmeckte nicht halb so gut. Dafür gab es andere leckere Köstlichkeiten wie *Thalagulis* (aus Sesam und dem *Kithul*palmenzucker) oder *milk toffees* aus süßer Kondensmilch und Cashewnüssen. Nutella war ebenfalls ein gern gesehenes Mitbringsel. Da wurde von uns Mädchen sehr genau darauf geachtet, dass die eine nicht mehr als die andere bekam. Das, was bei vielen Gästen, die uns aus Deutschland besuchten, im Gepäck gewichtsmäßig am Schwersten war, waren die Ersatzteile für das Auto. *Spare parts!* Das wurde für uns zu einem feststehenden Begriff.

Natürlich freuten wir uns, Freunde und Verwandte wiederzusehen. Aber im Laufe der Zeit kamen immer mehr Gäste, die wir und oft auch die Eltern bis dahin noch gar nicht kannten. In den siebziger Jahren boomte der Tourismus. Wenn diese Touristen dann zufällig hörten, dass in Kandy ein deutscher Pastor mit seiner Familie lebt, und sie von der Arbeit meines Vaters erfuhren, schauten sie bei der Kandy City Mission herein. Daraufhin lud mein Vater sie natürlich zu uns nach Hause ein. Die Gästebücher meiner Eltern zeugen bis heute von den vielen Menschen aus den verschiedensten Ländern und Kontinenten, die bei uns waren, sei es nur für ein paar Stunden, ein paar Tage oder manche sogar mehrere Wochen. Menschen aus Singapur, Australien, Amerika und natürlich auch viele neue Bekannte und Freunde aus Sri Lanka. Wie wichtig meinen Eltern die Gastfreundschaft war, hat ein Gast in Reimform im Gästebuch verewigt:

In diesem Land, das sich Sri Lanka nennt,
gibt's Edelsteine ohne Fehl und Zahl.
Jedoch der schönste Diamant,
der Gastfreundschaft genannt,
strahlt nur dem Reisenden,
dem hier gegeben Raum, Geselligkeit und Mahl.

Eine andere Familie, die wohl von unserem großen Miteinander und unserem Musizieren mit den Orffschen Instrumenten begeistert war, schrieb:

„Dank Ihnen kam uns Ceylon, dieses prachtvolle Land etwas näher. Aber das schönste war es, das gelebte Familienleben mitzuerleben. Das übertrifft alle landschaftlichen Schönheiten, alle Buddhas, Ruinen und Fresken."

Na ja, das war damals auch nicht so schwer. Schließlich gab es weder Fernsehen noch Computer und auch sonst kaum etwas, was man am Abend unternehmen konnte. So saßen wir abends als Familie oft zusammen, bekamen von Mutter vorgelesen oder Vater erzählte alle möglichen Witze und Anekdoten, so dass wir manchmal aus dem Lachen gar nicht mehr herauskamen. Das Singen und Musizieren hat uns ebenfalls zusammengeschweißt, auch wenn wir Kinder oft zuerst darüber gemosert haben. Für manche konnten meine Eltern in der Fremde auch eine Hilfe werden. Einem deutschen Touristen wurde sein ganzes Geld in Indien gestohlen und er war natürlich froh, Hilfe zu bekommen. Viele Freundschaften entstanden aus solchen zufälligen Begegnungen, so wie einer ins Gästebuch schrieb: *„Wir wollten nur etwas hinbringen, wurden freundlich aufgenommen und fanden Freunde."*

An einen Gast erinnere ich mich ganz besonders gerne zurück: Dr. phil., Dr. theol. Friso Melzer, der uns die deutsche Literatur näherbrachte, die wir ja in der Schule in Sri Lanka überhaupt nicht mitbekamen. Melzer, der früher Assistent bei dem bekannten Theologieprofessor Karl Heim war, lebte mittlerweile als Lehrer und Missionar in Indien. Bei seinem Besuch trug er uns die Ballade von Conrad Ferdinand Meyer *Die Füße im Feuer* so eindringlich und lebendig vor, dass ich sie bis heute nicht vergessen habe.

Mechthild, Liebgard und Karl Sundermeier zur Konfirmation

Manchmal wurde es uns Kindern mit den vielen Besuchern allerdings auch zu viel. Sonst hätte meine Schwester Liebgard sich an einem Weihnachtsfest bestimmt nicht versprochen: Liebgard und ich spielten mit den Kasperlepuppen die Weihnachtsgeschichte vor. Die ganze Weihnachtsstube war voller ausländischer und sri-lankischer Gäste. Da sagte Liebgard: „Und Maria und Joseph freuten sich, dass so viele Gäste gegangen waren". Es sollte natürlich „gekommen waren" heißen. Am Liebsten wäre sie im Erdboden versunken. Ich habe dafür die Könige „Gold, Weihrauch und Möhren" mitbringen lassen! Manches lässt sich halt einfach nicht zurücknehmen. Trotzdem haben wir uns immer wieder über Besuch gefreut, besonders natürlich, wenn wir ihn von früher kannten. Zu Pfingsten 1973 kamen z.B. unsere Oma und Tante (mütterlicherseits), um bei Mechthilds und Liebgards Konfirmation mit dabei zu sein. Wir feierten einen schönen Gottesdienst und auch ein schönes Fest.

Der Haus- und Gartenzoo

Wenn gerade einmal kein Besuch da war, hatten wir genug mit unseren Tieren zu tun. Meine Eltern waren der Auffassung, dass Kinder zum Glücklich sein Tiere brauchen. Schon in Deutschland hatten wir etliche Tiere, jetzt in Sri Lanka wurden es noch viel mehr. Wir hatten 3 Ponys, die auf der großen Wiese neben unserem Haus grasen konnten, Hunde und Katzen. An die Hauswand war zudem ein Terrarium gebaut, in dem meine Schwester Liebgard einen ganzen Kleintierzoo züchtete: Vögel, Streifenhörnchen und sogar zwei Schildkröten. Sie hatte auch einen *Minah*, einen kleinen schwarzen Vogel, der sprechen lernen konnte. Lustig fanden alle, wenn er unsere deutschen Worte nachplapperte. Ich mochte besonders die kleinen Streifenhörnchen. Manchmal haben wir ein winzig kleines, verwaistes Streifenhörnchen gefunden und mit einer Pipette mit Milch gefüttert, großgezogen und so gezähmt. Die brauchten noch nicht einmal eingesperrt zu werden. Wenn sie dann eines Tages trotz Zähmung verschwanden, war es auch in Ordnung.

Neben den Kühen gab es noch Hühner, Enten und sogar einen Truthahn, vor dem wir Kinder richtig Angst hatten. Ich weiß noch, dass ich immer durch das Truthahngehege laufen musste, um zum Nachhilfeunterricht zu kommen (sonst hätte ich einen

Riesenumweg machen müssen). Ich habe es meistens geschafft, mich ganz leise an ihm vorbei zu schleichen. Aber manchmal hat er mich entdeckt und ist auf mich losgegangen.

Selbst ohne diese vielen von uns erwünschten Tiere hätten wir in Sri Lanka nie ohne irgendwelches Getier auskommen müssen. Kakerlaken waren ständige Hausgäste, die auch nach der hartnäckigsten Ausrottung immer wieder durch die Abflussrohre hereinkamen. Dagegen waren die unzähligen Ameisen in den verschiedensten Variationen fast angenehm. Zucker oder andere süße Sachen musste man grundsätzlich im Kühlschrank, luftdicht verschlossen oder im Wasserbad aufbewahren, sonst wäre der ganze Topf innerhalb von Minuten pechschwarz von kleinen schwarzen Ameisen gewesen. Einmal haben Termiten sogar Teile von Büchern in einem Bücherregal aufgefressen. Von vorne sah man nichts, da ihnen die Buchdeckel wohl zu hart waren. Aber der Inhalt war durchlöchert oder schon das halbe Buch vertilgt worden. Ein solch durchlöchertes Buch habe ich als Erinnerung bis heute aufbewahrt.

Es gibt ein englisches Kirchenlied über die Schöpfung, in dem es heißt, dass *all creatures great and small* (alle Kreaturen, Groß und Klein) Gott loben sollen. Wenn wir das Lied sangen, mussten wir immer an unsere ständigen Begleiter denken. Denn in Sri Lanka wurden im Volksmund Kopfläuse *creatures* genannt. Trotz ständiger Entfernung hat man sich durch Busfahrten, Schule und sonstige Menschenansammlungen doch immer wieder welche als *Kopfgäste* angelacht. Ich kann mir heute gar nicht mehr vorstellen, wie wir eigentlich ganz fröhlich diese Gäste in Kauf genommen haben, bis sie dann wieder entfernt wurden. Es war halt einfach so und jeder hatte damit zu kämpfen. (Zum Glück ist das heute im Land nicht mehr der Fall. Da wird sehr viel mehr auf Hygiene geachtet.). Schlimmer waren da noch die inneren Gäste in Form von Würmern (siehe Papayakerne).

Die Geckos an den Wänden mochten wir dagegen sehr. Sie sahen wie kleine, hellbraune Eidechsen aus, krabbelten an den Wänden hoch und hatten die nützliche Eigenschaft, die nervtötenden Moskitos zu fressen. Einmal hörten wir eine Geschichte von einer Touristin, die im Hotel in Colombo empört zum Portier ging und sagte: „Mit einem Krokodil schlafe ich nicht im gleichen Zimmer". Da der Portier keine Anstalten machte, das harmlose Tier aus dem Zimmer zu entfernen, ist die Dame gleich wieder ins Flugzeug gestiegen und abgereist. Ich hätte es ja verstehen können, wenn es eine Maus oder gar eine Schlange oder ein Skorpion gewesen wäre, aber bei einem harmlosen Gecko? Vielleicht hätte man sie einfach nur besser aufklären müssen. Die Moskitos waren da schon gefährlicher, da sie oft Malaria übertragen. Zum Glück hatten wir statt Moskitonetzen über den Betten engen Moskitodraht an den Fenstern, so dass sie selten ins Zimmer kamen. Da meine Eltern uns nicht über Jahre mit Medikamenten zur Malariaprophylaxe vollstopfen wollten, fingen wir erst gar nicht damit an. Keiner von uns bekam je Malaria, obwohl manche Touristen mit Prophylaxe sich Malaria als negatives Andenken mitgenommen haben. Mit der Zeit sind wohl die Parasiten gegen diese Medizin resistent geworden. Trotzdem waren wir sehr vorsichtig, denn gerade in der Regenzeit ist die Gefahr, Malaria zu bekommen, sehr groß.

In einem ihrer Rundbriefe schrieben meine Eltern, dass sie sich ein wenig Sorgen wegen der vielen giftigen Tiere in und um unser Haus herum machten. Und diese Angst war berechtigt. Wir sind aber sehr dankbar, dass in all den Jahren nie etwas Schlimmes passiert ist, obwohl wir des Öfteren auch im Haus Schlangenbesuch hatten. Wie gefährlich wir lebten, ist uns aber immer wieder bewusst geworden. Eines Tages sahen wir wie eine unserer Kühe wild immer im Kreis auf der Wiese herumrannte. Wir wussten zuerst nicht, was los war und dachten, sie wäre vielleicht verrückt geworden. Dann fiel sie ganz plötzlich um und war tot. Unser Gärtner stellte danach am Bein der Kuh zwei winzig kleine Löcher fest. Sie war wahrscheinlich von einer *Polonga* gebissen worden, denn nur von dem Gift einer Viper stirbt man so schnell. Darüber waren wir alle schockiert.

Trotzdem hatten wir irgendwie keine Angst, denn man gewöhnt sich einfach an, nie im Dunkeln umherzulaufen und nie einen Schritt zu tun, den man nicht sehen kann. Mich hat in meiner Abenteuerlust die Gefahr allerdings eher gereizt. Als ich eines Tages aus der Schule kam, durfte ich nicht in mein Zimmer gehen, weil dort gerade von unserem Gärtner eine Schlange mit Stöcken entfernt wurde. Nichts wie hin, dachte ich, rannte sofort in mein Zimmer, sprang auf mein Bett und schaute dem Geschehen gespannt zu. Ich dachte, bis die Schlange auf mein Bett gekrochen ist, bin ich längst weggerannt. Wie gefährlich schnell Schlangen aber wirklich sind, erkannte ich erst, als eines Tages eine riesige Kobra sich in dem Fenstergitter vom Zimmer meiner Schwester Mechthild verwoben hatte. Unter ihrem Fenster war unser kleiner Lotusteich – und wir standen alle gespannt draußen neben dem Teich, um zuzusehen, wie die Schlange verscheucht wurde. Ich dachte, das würde ewig lang dauern, bis sie sich da aus dem Gitter wieder heraus gewunden hätte – aber innerhalb eines Sekundenbruchteils sprang sie plötzlich runter, peitschte durchs Wasser und war im Gebüsch direkt neben uns verschwunden. Wir hätten nicht einmal ausweichen können, wäre sie auf uns zugesprungen. Seitdem war ich doch etwas vorsichtiger und hatte einen Riesenrespekt vor diesen gefährlichen Tieren.

Kurz vor Weihnachten geschah folgendes: Meine Eltern hatten als Weihnachtsbaum eine Zypresse aus dem Hochland Sri Lankas geholt, aus Nuwara Eliya, das etwas südlich von Kandy liegt und in dem es wesentlich kühler ist, als im Rest des Landes. Jetzt stand diese wunderschöne Zypresse im Wohnzimmer – und da wir Kinder nie vor Heiligabend in die Weihnachtsstube durften, hörten wir nur den Schrei unserer Mutter. Im Wohnzimmer krochen aus der Zypresse mindestens fünf kleine *Polongas* heraus, die sich während der ganzen zwei Stunden Autofahrt im Baum oben auf dem Dach des Autos versteckt hatten. Das hat uns noch im Nachhinein richtig erschreckt. Wie leicht hätte eine davon durchs offene Fenster ins Innere des Autos kriechen und jemanden beißen können. In diesem Jahr feierten wir besonders dankbar Weihnachten!

Einmal aber habe ich eine Schlange selbst gefangen: Als ich eines Tages von der Schule nach Hause kam, sah ich eine kleine *Polonga* vor der Haustür, die zusammengerollt fest schlief. Ich holte schnell ein Glas mit Deckel und ein Stück Pappe, stülpte das Glas über die Viper, schob die Pappe unter die Schlange, drehte mit der Pappe das Glas um verschloss es schnell mit dem Deckel. Als meine Mutter mitbekam, dass ich eine lebendige Schlange in meinem Kleiderschrank hatte, wollte sie sie sofort entfernen. Zum Glück konnte ich sie beruhigen und ihr versichern, dass ich gleich am nächsten Tag Chloroform und Formalin aus der Schule mitbringen würde, um die Schlange zu töten und zu konservieren. Heute erstaunt es mich, dass meine Lehrer mir das giftige Zeug so einfach mitgaben, damals fand ich das ganz normal. Ich aber war stolz auf meine erste selbstgefangene Schlange! Lebend hätte ich sie leider nicht behalten können.

6. Land und Leute

Die Vielfalt Sri Lankas

In den ersten zwei Jahren nahmen sich unsere Eltern viel Zeit, mit uns zusammen diese wunderschöne Insel zu erkunden. Am Anfang meinte meine Mutter, den obligatorischen Sonntagsspaziergang im Urwald machen zu müssen. Direkt von Kandy aus gab es einen Weg, der mitten hinein führte. Und so sind wir mit unserer Köchin und unseren anderen Hilfen im und ums Haus – sofern sie Lust hatten – im Dschungel spazieren gegangen. Mechthilds Dalmatiner Minka war hinterher voller Blutegel und ich glaube, wir waren die Einzigen, die auf die Idee kamen, bei der schwülen Hitze auf dem etwas breiteren Pfade, der durch das undurchdringliche Dickicht führte, zu laufen. Für uns Kinder war es zuerst natürlich toll, den dichten Urwald so hautnah zu erleben. Aber mit der Zeit wurde es uns zu langweilig, weil man ja nicht von diesem einen Weg abgehen durfte. Das wäre viel zu gefährlich gewesen. Die Blutegel an Minka haben uns schon gereicht. Zuerst waren sie so klein, dass man sie kaum sehen konnte. Doch als sich diese winzigen Würmchen dann mit Blut vollgesaugt hatten, waren sie richtig dick und eklig. Ab und zu verirrte sich auch einer zu uns, so dass wir nach dem Spaziergang immer eine gründliche Leibesvisitation machen mussten.

Manchmal machten wir auch einen Tagesausflug zu einem in der Nähe gelegenen Wasserfall am *Hunasgiriya*-Berg. Dort konnte man gut baden und gemütliche Picknicks veranstalten, was für Agnes, Bernie und wer sonst noch mitkam auch etwas Besonderes war. Oder wir haben einen Ausflug zum sogenannten *Worlds End* gemacht. Von dem Hochplateau aus hatte man einen wunderschönen Blick auf die große Ebene darunter. Es sah wirklich wie das Ende der Welt aus. Schon allein die Autofahrt zu solchen Tagesausflügen am Wochenende war abenteuerlich: Da meistens alle mitkommen wollten, wurden so viele Menschen wie möglich ins Auto gestopft. Weil es damals hinten sowieso keine Sicherheitsgurte zum Anschnallen gab, konnte man die Sitze und die Fußräume davor so richtig vollpacken. Das war eine stickige Angelegenheit, aber die Stimmung blieb trotzdem immer gut. Das lag bestimmt auch an der großen Gelassenheit meines Vaters, der jede Situation mit ganz viel Humor nahm und brenzlige Situationen mit passenden, lustigen Bemerkungen entschärfte.

In den Ferien unternahmen wir meistens größere Touren, um Land, Leute und Sitten besser kennenzulernen. Der *Adams Peak*, der mit 2243 m zweithöchste Berg Sri Lankas, wurde immer nachts erklommen. Nicht nur, um die Hitze des Tages zu vermeiden, sondern vor allem, weil man bei Sonnenaufgang und klarem Wetter den Kegelschatten des Berges sehen konnte. Ich habe es einmal miterlebt, zusammen mit vielen Pilgern, die während der Saison jede Nacht da hoch pilgerten. Es war wunderschön! Morgens um 6.00 Uhr, als die Sonne aufging, sahen wir auf der anderen Seite des Berges den kegelartigen Schatten des Berges. Das war sehr beeindruckend. Wir hatten Glück, denn bei schlechtem Wetter sieht man gar nichts. Da hat man das Gefühl, ganz umsonst diese vielen Stufen mitten in der Nacht hinaufgelaufen zu sein. Doch selbst dann kann man immer noch den riesigen Fußabdruck im Felsboden oben auf dem Gipfel des Berges sehen. Die Briten schrieben ihn Adam zu, da Sri Lanka für sie das Paradies symbolisierte. Sie nannten deshalb den Berg *Adams Peak*, wie er bis heute heißt. Die Buddhisten Sri Lankas schreiben den Fußabdruck allerdings Buddha zu, weshalb der Felsen der beliebteste, buddhistische Wallfahrtsort Sri Lankas ist.

Den höchsten Berg Sri Lankas, den *Pidurutalagala* mit 2524 m haben wir natürlich auch bestiegen. Der ist aber im Vergleich zum *Adams Peak* richtig langweilig. Interessant war dagegen der Aufstieg zum *Bible Rock*, der auf dem Weg von Colombo nach Kandy liegt. Was meine Eltern bewogen hat, mit uns diesen Felsen mitten in der Tageshitze zu erklimmen, weiß ich bis heute nicht. Ich erinnere mich vor allem an das undurchdringliche Dornengestrüpp, das erst mit einem langen Messer aus dem nicht vorhandenen Weg geschlagen werden musste. Unsere Arme und Beine waren hinterher richtig zerkratzt. Zum Glück dachte ich beim Auf- und Abstieg nicht an Schlangen und anderes Getier, das da bestimmt um uns herum vorhanden war. So sind wir ganz unbedarft mitten durchs Gestrüpp geklettert. Spaß gemacht hat es zwar, aber wir waren heilfroh, als wir endlich oben waren und die herrliche Palmen- und Urwaldlandschaft ringsherum bewundern konnten. Trotzdem: Ein zweites Mal wäre ich bestimmt nicht hochgeklettert.

Wir Kinder fuhren – neben dem Strandurlaub – am liebsten in die beiden Wildparks des Landes, wo es viele wilde Tiere zu sehen gab. Im Yale-Wildpark, ganz an der Südspitze Sri Lankas, konnte man besonders gut wilde Elefanten beobachten. Einmal sind wir fast von einem angegriffen worden, der mitten auf der Straße stand und über unser plötzliches Erscheinen genauso erschrocken war wie wir. Wild lief er mit wehenden Ohren laut trompetend auf unser Auto zu, so dass wir dachten: *Jetzt ist alles aus, jetzt wirft er das Auto um und trampelt wütend darauf herum.* Ganz still, mit angehaltenem Atem saßen wir im Auto und waren überaus erleichtert, als der Elefant zum Glück im letzten Moment abdrehte und im Urwald verschwand.

Lieber noch waren wir aber im Wilpattu-Wildpark im Norden des Landes. Dort konnte man nämlich nicht nur Leoparden sondern auch wilde Braunbären sehen – zusätzlich zu den Elefanten, den Herden Rehe (spotted deer), sowie wilden Büffeln, Wild- und Stachelschweinen. Meine Schwester Liebgard erzählte, dass wir morgens schon um 4:30 Uhr aufgestanden waren, damit wir direkt um 6:00 Uhr bei Sonnenaufgang als allererste mit dem Auto am Eingangstor stehen und nach der Eröffnung des Parks hineinfahren konnten. Für uns Kinder zählte eine Autotour im Wildpark nur dann als erfolgreich, wenn wir einen Leoparden oder zumindest einen Braunbären gesehen hatten. Einmal wurden wir ganz besonders belohnt: Auf einer Lichtung beobachteten wir einen Leoparden. Mein Vater filmte begeistert mit seiner Super-8-Filmkamera, als der Leopard plötzlich, ohne ersichtlichen Grund aufstand und aus heiterem Himmel einen Salto machte! So etwas hatten wir noch nie gesehen. Leider hatten wir dann doch keinen Beweis zum Vorzeigen, da mein Vater nach dem Ausleihen der Kamera nicht geprüft hatte, ob ein neuer Film drin war, was nicht der Fall war. Wir aber werden diese Kapriole des Leoparden nie vergessen.

Im Wilpattu-Wildpark konnte man auch mitten im Park in einem viereckigen Haus mit großem Innenhof, in dem ein riesiger Baum stand, übernachten. Das haben wir auch etliche Male gemacht. Elektrizität gab es natürlich nicht. Aber die grellen Gaslampen haben uns auch hier – wie damals in Kalkudah – gute Dienste geleistet. Abends, wenn es stockfinster war und die lauten Geräusche von Grillen und manchmal auch der größeren Tieren zu hören waren, hat es uns ganz schön gegruselt. Da kamen nicht nur die Affen ganz nah heran, um vielleicht etwas von dem guten Essen zu ergattern. Nein, in der Nacht müssen auch Bären um unser Häuschen geschlichen sein, denn am nächsten Morgen sahen wir ihre Spuren. Meine Mutter sah einmal nachts sogar einen Bären in der Nähe des Hauses, der dann aber zum Glück wieder abgezogen ist. Das behielt sie aber zunächst für sich, um uns keine Angst einzujagen.

Von dem großen Vogelreservoir im Südosten des Landes, dem Kumana-Nationalpark, waren besonders meine Mutter und meine ältere Schwester Liebgard begeistert. Sie schwärmen heute noch davon, wie viele verschiedene und seltene Vogelarten sie dort hatten beobachten können. Ganz anders – aber nicht weniger interessant – waren die historischen Ruinen der alten Königsstätten im nördlicheren Teil des Landes. Der riesige Felsen *Sigiriya* mit den Höhlenmalereien, den wilden Affen, die überall herumlaufen, und dem schwindelerregenden Aufstieg ist natürlich bis heute eine der größten Sehenswürdigkeiten Sri Lankas. Auch bei Sri-Lankern ist er ein beliebter Ausflugsort. Ganz oben auf dem riesigen Felsplateau, wohin sich der damalige König aus Angst vor Feinden einen Palast bauen ließ, und von dem aus er meilenweit die Ebene unten überschauen konnte, gibt es bis heute nicht nur seinen Felsenthron zu bewundern, sondern auch seinen steinernen Swimmingpool. Na ja, von der Größe her ist es eher eine riesengroße Badewanne. Mir haben nur die vielen Arbeiter leidgetan, die jeden Eimer Wasser diesen ganzen Felsen heraufschleppen mussten. Damals gab es bestimmt nicht – wie heute – so bequeme Eisentreppen, um die steilsten Stellen besser hinaufzukommen! Die meisten Touristen erklommen den *Sigiriya*-Felsen allerdings, um die berühmten Fresken der tanzenden Frauen zu sehen. Als Kind fand ich sie langweilig und gar nicht schön. Aber zumindest habe ich sie mir angeschaut und gebührend gewürdigt.

Wir sind auch gern zu den alten Königsstätten *Anuradhapura* und *Pollonaruwa* gefahren. Neben einigen Ruinen und Pagoden sind besonders die bis zu 40 Meter hohen Buddha-Statuen berühmt, die aus massivem Stein gehauen sind: der liegende, der stehende und der sitzende Buddha. Die meisten Buddha-Statuen gibt es jedoch in dem riesigen Höhlentempel in Dambulla. Als Kind fand ich allerdings die Herden von kleinen und großen Affen, die um die Tempelanlage herumliefen, viel interessanter.

Stehender und liegender Buddha

Im Elefantenwaisenhaus

Touristenvergnügen mit Mechthild, Brigitte und Renate Kreft (v.l.n.r.)

Kultur und Religion

Die alte Königsstadt Kandy ist für alle Sri-Lanker immer noch eine ganz besondere Stadt. Wenn z.B. jemand sagt, dass er nach Kandy fährt, sagt er einfach auf Singhalesisch, dass er jetzt in *die Stadt* (Nuwara) fährt, und jeder weiß, dass damit die *große* Stadt Kandy gemeint ist. Da steckt ganz viel Liebe zu diesem Ort dahinter, der damals als allerletzter von den Kolonialmächten erobert worden ist, nachdem die Küstengebiete schon jahrelang in ihren Händen lagen. Für die Buddhisten liegt es aber auch mit daran, dass dort ihr größtes Heiligtum steht. Überall im Land gibt es alte, sehenswerte, buddhistische Tempel. Der heiligste und größte davon ist aber der *Tempel des Zahns* und der steht mitten in Kandy. Deshalb findet dort auch jedes Jahr im August die gewaltigste *Perahera* (Prozession) des Landes statt. Dabei wird die letzte der sieben Schatullen, die einen Zahn

Buddhas enthalten soll, auf einem prächtig mit bunten Batiktüchern bekleideten Elefanten durch die ganze Stadt getragen. Was mich damals besonders fasziniert hat, war, dass dieser Elefant nur auf Tüchern laufen durfte. Sie wurden vorne vor ihm auf dem Boden ausgebreitet und hinter ihm wieder aufgehoben, um zur Wiederbenutzung erneut nach vorne getragen zu werden. Bei dieser *Perahera* konnte man die ganze kulturelle Vielfalt Sri Lankas bewundern: die rituellen Tänze der berühmten *Kandyan Dancers*, die unter Trommelklängen auf der Straße tanzten; die filigran geschnitzten Teufelsmasken und bis zu 80 bunt bekleidete Elefanten, die gemächlich und würdevoll durch die Straßen liefen. Die Menschen, die dichtgedrängt die Straße säumten, saßen da schon die ganze Nacht vorher, um einen guten Platz zu ergattern. Und manche blieben sogar mehre Tage dort, denn die *Perahera* dauerte immer 10 Tage. Als später das Gebäude der Kandy-City-Mission auf dem Kirchengelände an der Trincomalee Street fertig war, hatten wir Glück, denn die *Perahera* kam zum Schluss des Umzugs genau durch diese Straße, an deren Ende der Tempel des Zahns war. So konnten wir aus den Fenstern des Gebäudes oder vom Balkon aus gut zuschauen.

Der Tempel des Zahns, Kandy

Die Perahera

Meinen Eltern haben die *Kandyan Dancers* so gut gefallen, dass wir drei großen Schwestern diese Tänze auch lernen sollten. Mir machte das Spaß – vor allem wegen der schönen Trommelklänge und der bunten Pumphosen. Aber meine älteren Schwestern fühlten sich dabei nicht sehr wohl und waren froh, dass sie bald wieder aufhören durften. Allerdings haben wir, als wir 1974 im Heimaturlaub waren, eine Vorführung in Deutschland in einer Turnhalle gemacht, um Geld für die Bettlerarbeit einzusammeln. Na ja, das war bestimmt nicht das Schlechteste und die Bettler haben sich über die warmen Mahlzeiten gefreut!

Kandyan Dancing

Religiös am eindrücklichsten war für mich das höchste hinduistische Fest in Kataragama, zu dem wir nur einmal hingefahren sind. Mit elf Jahren kannte ich mich mit den Traditionen und Riten natürlich nicht so gut aus, aber dieser Tag dort hat mich gerade in seiner Fremdheit sehr beeindruckt. Es war eine riesige Menschenmenge von Hindus, Veddhas (den Ureinwohnern Sri Lankas) und auch Buddhisten, die im Wald in Kataragama zusammenströmten. Dazwischen sahen wir einige Schamanen und hinduistische Priester, die in Trance wahnsinnige Dinge taten. Ehrfurchtsvoll schauten wir zu (und wir waren froh, überhaupt dabei sein zu dürfen), wie einige über einen mindestens zehn Meter langen Teppich roter, glühend heißer Kohlen liefen. Ein Tourist, der das auch einmal ausprobieren wollte, war danach wochenlang im Krankenhaus. An einer anderen Stelle hing ein hinduistischer Priester in der Luft, gehalten nur durch mehrere Eisenhaken, die an der Haut seines nackten Rückens angebracht waren. Stundenlang hing er dort in Trance und segnete die Menschen. Das fand ich ganz schön brutal, aber der Mann schien keine Schmerzen zu haben, oder sie zumindest nicht zu spüren.

Eine Sache, die ich gar nicht so richtig wahrgenommen hatte, beschäftigte meine Schwester Liebgard so sehr, dass sie – wie sie mir später erzählte - vom ganzen restlichen Fest nicht viel mitbekam: Die Straße, die zu dem Fest führte war an beiden Seiten mit Bettlern gesäumt, die ihre Hände aufhielten und auf die Mildtätigkeit der Festbesucher hofften. Das Schlimmste für sie war aber, dass alle diese Bettler schwerste, körperliche Behinderungen hatten. Nie zuvor hatte sie so viele im wahrsten Sinne des Wortes verkrüppelte Menschen gesehen und bis heute ist ihr das Elend dieser armen Bettler im Gedächtnis geblieben.

Der Einfallsreichtum der Menschen

Es ist schade, dass ein Land, das so eine fruchtbare Vegetation hat und so reich ist an natürlichen Ressourcen, doch so viele Einwohner hat, die unterhalb der Armutsgrenze leben. Dabei sind viele Menschen dort handwerklich sehr begabt und stellen die schönsten Holzschnitzereien, Batiken und Peddigrohrmöbel her. Gerade auch entlang der Straße von Colombo nach Kandy stehen überall am Straßenland kleine Stände entweder mit Obst und Gemüse oder mit den handwerklichen Dingen. Besonders die filigran geschnitzten, schwarzen oder bunt angemalten Elefanten in allen Größen gefielen mir so gut, dass ich jetzt eine ansehnliche Sammlung davon habe. Meinen Eltern hatten es die Korbmöbel angetan, so dass sie unser ganzes Haus damit ausstatteten. Mit dem Touristenboom ab den 70er Jahren verbesserte sich der Absatzmarkt für diese schönen Artikel zum Glück deutlich.

Das berühmteste Exportgut, neben Textilien, Pfeffer und exotischen Gewürzen, Kokosnussprodukten und Kautschuk (Latex von den Gummibäumen), ist der Ceylon Tee. Als der Name des Landes von Ceylon wieder in Sri Lanka geändert wurde, hat man trotzdem den Tee weiterhin Ceylon Tee genannt, um den guten Absatz im Ausland nicht zu gefährden. Und so ist es bis heute geblieben. Wenn man durch die große Markthalle im Zentrum von Kandy geht, sieht man einmal mehr den Reichtum des Landes und die beeindruckende Vielfalt der verschiedensten Obst- und Gemüsesorten: essbare Wurzeln, Süßkartoffeln, Bananen, Ananas, Mangos, Brotfrucht, Jackfrucht, Mangosteans, Rambutan und Woodapple, eine süß-saure Masse in einer ganz harten, runden Schale, weswegen er Holzapfel genannt wird, um nur eine ganz kleine Auswahl zu nennen. Auch der riesige Fleisch- und Fischmarkt war interessant. Da hingen die großen Fleischstücke von der Decke herab, manchmal umschwirrt von Fliegen. Neben frischem Fisch gab es auch säckeweise kleine, getrocknete Fische, die von Sri-Lankern sehr gerne gegessen werden. Ich bin oft und gern über den Markt geschlendert und habe es mit der Zeit durch ein paar aufgeschnappte Brocken Singhalesisch auch geschafft, nicht ständig von den Händlern angesprochen zu werden, die in mir natürlich eine Touristin vermuteten und auf ein gutes Geschäft hofften. Eines ist typisch für Singhalesen: Sie sind zutiefst freundlich, fröhlich und weltoffen. Ich habe mich, wenn ich alleine durch die Stadt lief, nie bedroht gefühlt.

Eine Frau aus Lewella brachte mir bei, wie man mit Peddigrohr arbeitet, was ich sehr gern gelernt habe. Zuerst musste ich das Rohr schälen, dann einweichen und im nassen Zustand verarbeiten. Meine *Werke* habe ich zu Weihnachten oder zu Geburtstagen verschenkt, so dass ich selbst leider nichts mehr davon besitze. Faszinierend fand ich die Kletterkünste der Jungen und Männer, wie sie auf die Kokosnusspalmen hinaufkletterten. Ich habe es auch einmal probiert, es aber nicht geschafft, hochzukommen. Man muss ein rundes, dickes Seil um die nackten Füße schlingen und mit diesem Seil dann am relativ glatten Stamm der Palme in kleinen Hopsern hochspringen. Das ist total anstrengend und ich habe schon nach kurzem aufgegeben und neidisch den kleinen sri-lankischen Jungen zugeschaut, die in Windeseile oben waren. Manche von ihnen schafften es spielend – sogar ohne Seil!

Genial ist allerdings, wie umfassend die Kokosnuss mitsamt den Palmblättern in Sri Lanka verwertet wird: Die Palmblätter werden geflochten und als Dachdeckmaterial für die einfachen Lehmhütten benutzt, oder als Schlafmatten verwendet. Die gelben *King Coconuts* (Königskokosnüsse) eignen sich hervorragend zum Trinken des leckeren Fruchtwassers. Sie kann mit einem Messer ganz leicht geschnitten werden, so dass sie sofort trinkfertig ist.

Das Kokosnusswasser hat immer die richtige Temperatur, ist vitaminreich, enthält viele, wichtige Mineralien und könnte auch statt Salzlösungen verwendet werden. Besonders gut eignet es sich bei Nierenkrankheiten. Als mein Vater im ersten Jahr in Sri Lanka noch Nierensteine hatte, trank er dieses Wasser literweise. Wie die gelben eignen sich auch die grünen Kokosnüsse gut zum Trinken, aber nur wenn sie noch jung sind. Im reiferen Stadium wird aus dem Wasser das weiße Fruchtfleisch, das umso härter wird, je älter die Kokosnuss ist. Um Kokosnussmilch herzustellen, wird dieses harte Fruchtfleisch geraspelt, mit warmem Wasser vermengt und mit den Händen ausgewrungen. Kokosnussmilch bildet die Grundlage für fast alle Currys, sowohl für Fleisch als auch Gemüse und macht den besonderen und leckeren Geschmack des srilankischen Essens aus.

Das ist aber noch nicht alles: Aus der harten, inneren Schale der Kokosnuss werden Löffel und Kellen gefertigt, die oft mit einem schön bemaltem Holzstiel versehen und an Touristen oder auch Sri-Lanker verkauft werden. Selbst die äußere, dicke, faserartige Schale der Kokosnuss lässt sich verwerten. Entweder wird sie eingeweicht, so dass die Fasern herausgearbeitet und für Matratzen verwendet werden können, oder sie wird getrocknet und als Brennmaterial für das offene Küchenfeuer zum Kochen gebraucht. Außerdem kann man in solche getrockneten Schalen Orchideen einpflanzen. So gibt es überhaupt keine Reste, sondern alles wird wunderbar verwertet.

Das gilt auch für die Bananenblätter. Sie waren zwar zu schmal, um sich vollständig darin einzuwickeln. Dafür werden sie bis heute bisweilen gewaschen, in handliche Größen geschnitten und als Einwickelpapier für Essen benutzt. Sie sind so stabil, dass man sogar ein Mittagessen gefahrlos darin einwickeln, transportieren und direkt daraus essen kann. Da weitgehend mit den Händen gegessen wird, können so ganze Gemeindepicknicks ohne Teller und Besteck veranstaltet werden. Es wird nach dem Gottesdienst einfach an alle solch ein Lunchpaket (Mittagessen) mit *Rice and Curry* verteilt und direkt im Garten vor der Kirche gemeinsam verzehrt. Und wer keine Zeit mehr hat, nimmt sein Paket kurzerhand mit und verspeist es woanders. Umweltfreundlicher geht es nicht.

7. Kirche und Kindergarten

Eine *eigene* Kirche

Anfangs hatte ich berichtet, dass die großen, evangelischen Kirchen Sri Lankas bestrebt waren, eine einzige Kirche zu bilden. In allen inhaltlichen und theologischen Fragen war man zu einer Einigung gekommen. Die gemeinsame Liturgie und selbst die Frage, welche Gewänder die Pfarrer dieser unierten Kirche tragen sollten, waren geklärt. Es waren schon gemeinsame Abendmahlsfeiern gefeiert worden und sogar der feierliche Eröffnungsgottesdienst lag fertig geplant bereit zur Ausführung.

Dennoch ist die Einigung dann leider doch nicht zustande gekommen. Einige Gemeindeglieder aus verschiedenen Kirchen hatten vor Gericht geklagt, dass sie weiterhin ihren traditionellen Gottesdienst mit ihrer gewohnten Liturgie in ihrem eigenen Kirchengebäude haben wollten. Daraufhin verfügte ein Gerichtsurteil, dass bei einer Kircheneinigung eine ganz neue Kirche entstehen würde, die alten Kirchen aber weiterhin bestehen bleiben würden. Diese neue, unierte Kirche hätte dann allerdings keinerlei Anspruch auf Besitztümer und Gebäude der alten Kirchen. Somit war die ganze gute Sache doch noch zum Scheitern verurteilt, denn Sinn der Sache war es ja gerade nicht, noch eine neue Kirche zusätzlich zu den alten zu bilden, sondern alle alten Kirchen zu einer neuen zu vereinen – mitsamt allen Kirchen und Gebäuden und mit einer neuen, gemeinsamen Gottesdienstordnung. Schade, aber zusammenarbeiten konnte man ja trotzdem noch. Und die Kandy-City-Mission war das beste Beispiel dafür, denn dort waren ganz bewusst Vertreter aus den verschiedenen Gemeinden Kandys im Vorstand.

Im Oktober 1972 wurde mein Vater gebeten, die schottisch-reformierte Kirche als Pfarrer zu übernehmen, da der bisherige Pfarrer nach Australien ausgewandert war. Diese presbyterianische Kirche, die *Scot's Kirk*, stand mitten in Kandy in der Trincomallee Street 125 (heute D. S. Senanayaka veediya). So hatte mein Vater jetzt eine eigene Gemeinde, oder eher das Gebäude, denn es gab nur noch ca. zehn Gemeindemitglieder. Die bisherige schottisch-reformierte Gemeinde bestand ausschließlich aus weißen Nachfahren der Kolonialherren, die sogenannten *Burghers*. Es waren Abkömmlinge von Engländern, Holländern und Portugiesen, die damals sri-lankische Frauen geheiratet hatten. Sie lebten schon seit Generationen im Land. Gemessen an den vollen Gottesdiensten, die wir in der methodistischen Kirche gewohnt waren, kam uns diese Kirche richtig leer vor. Aber das sollte nicht lange so bleiben. Ich erinnere mich noch besonders gut an das alte Harmonium, auf dem der Organist nur sehr langsam spielen konnte, weil der Ton mit zwei Fußpedalen erzeugt werden musste, was ganz schön anstrengend war. Da half leider auch der Versuch meiner Mutter nicht, durch schnelleres Singen Schwung hineinzubringen. Das war aber nicht weiter tragisch, denn bei dem Huplärm der Busse und Autos, der durch die offenen Fenster und Kirchentüren hereindrang, ist das auch nicht groß aufgefallen.

Die Schottisch Reformierte Kirche (Scot's Kirk)

Zu der Kirche gehörte ein großer Kirchgarten mit einem Pfarr-haus, die sogenannte *Manse*. Da der Pfarrer weggezogen war und wir weiterhin in Lewella wohnen blieben, stand es zunächst leer. Doch dann wurde von der KCM beschlossen, einen Teilgrund des Kirchengeländes zu pachten, um ein Verwaltungsgebäude für die Stadtmission zu bauen. Bis das fertig war, sollte ein Raum in der *Manse* als Verwaltungsbüro genutzt werden, statt der bisherigen von der KCM gepachteten Räume in der methodistischen Kirche. Im restlichen Haus wohnte ab Oktober 1972 Renate Kreft, die als Missionarin, Hebamme und Entwicklungshelferin nach Sri Lanka gekommen war, was uns natürlich begeisterte. Sie beteiligte sich nicht nur rege am Gemeindeleben, sondern baute besonders die Sozial- und Kinderarbeit der KCM mit auf. Da das große Pfarr-haus genug Platz hatte, wurde die Sekretärin Charlotte gefragt, ob sie mit in die *Manse* ziehen wollte, was sie sehr gerne tat. So muss-te Renate in dem großen Haus nicht alleine wohnen. Im Laufe der Jahre kamen dann noch mehr Bewohner dazu.

Am 26. Oktober 1972 konnte der Grundstein für das neue Ge-bäude der KCM durch den Präses der methodistischen Kirche, Rev. Denzil de Silva, gelegt werden. Viele Spenden hatten dazu beige-tragen, dass der Bau für sri-lankische Verhältnisse zügig vorange-hen konnte. Mit dem Bau selbst ging es trotzdem erst einen Monat später los, da zu der Zeit gerade nirgendwo Zement zu bekommen war. Die Arbeiter, die an dem Bau arbeiteten, waren ganz erstaunt, dass sie sonntags nicht arbeiten sollten. So kamen einige von ihnen dann neugierig in den Gottesdienst – jetzt, wo sie sowieso schon vor Ort waren, weil sie ja eigentlich zur Arbeit gekommen waren. Da die KCM einige Spenden für *wo am Nötigsten* bekommen hatte, wurde beschlossen, für diese Arbeiter eine kleine Weihnachtsfei-er zu gestalten, an der jeder einen Fünf-Rupee-Schein bekommen sollte, damals ein Tageslohn (1 Rupee war damals ca. DM 0,84, also ca. € 0,42). Renate fand es nicht schön, ihnen einfach das Geld so in die Hand zu drücken. Deshalb bastelte sie mit Charlotte und einigen anderen für jeden Arbeiter ein Sparschwein aus einer Kokosnuss und steckte jedem Schwein einen Geldschein in die Schnauze. So sind die Arbeiter nach dem Kuchenessen und Teetrinken damit glücklich nach Hause gegangen. Sie merkten, dass sie nicht allein als Arbeiter, sondern als Menschen wichtig genommen wurden.

Für uns Kinder war es sehr schön, jetzt in der *Scot's Kirk* beheimatet zu sein. Mein Vater war sehr vorsichtig, Neues in die Gemeinde hineinzubringen, aber eine Sache hat er sofort eingeführt: einen Heiligabendgottesdienst mit Krippenspiel. Das gab es bisher nämlich nicht, so wie es in England ja auch nur das Weihnachtsfest am 25. Dezember und keinen Heiligen Abend gibt. Ich glaube, dieses Krippenspiel wird bis heute jeden Heiligabend in der Originalversion von 1972 von den Kindern dort gespielt. Wir haben dagegen die gute, englische Tradition der *Carol Services* kennen und schätzen gelernt. In fast jeder Kirche oder auch in manchen Schulkapellen fand irgendwann in der Adventszeit so ein Mitsingkonzertgottesdienst statt. Meine Schwestern und ich lieben bis heute diese alten, wunderschönen, englischen Weihnachtlieder (Christmas Carols) und singen sie gerne zusammen auf unseren Weihnachtsfeiern.

Der erste Weihnachtsgottesdienst in der *Scot's Kirk* wurde von einem provisorischen Posaunenchor sehr festlich ausgestaltet. Renate, die selbst in Deutschland schon jahrelang im Posaunenchor ihrer Heimatgemeinde Waldhorn mitgespielt hatte, brachte Charlotte und einem jungen Mann aus der methodistischen Gemeinde in der Adventszeit das Trompete blasen bei, und im Weihnachtsgottesdienst traten sie zum ersten Mal öffentlich auf. Mein Vater füllte noch mit der Tuba den Bass aus, so dass sie im Quartett blasen konnten. Das war so schön, dass mein Vater danach endlich begann, anderen – auch mir – das Blasen beizubringen, so dass wir bald einen richtigen Posaunenchor mit regelmäßigen Proben hatten. Ich erinnere mich lebhaft an unseren Tubabläser. Er war blind aber sehr musikalisch mit einem absoluten Gehör, was ihm bei seinem Beruf als Klavierstimmer sehr zugute kam. Mein Vater musste ihm nur einmal die Bassstimme auf der Trompete vorspielen und schon konnte er sie auswendig fehlerfrei und wunderschön auf der Tuba nachblasen. Das war beeindruckend. Was haben wir anderen uns da gequält, auch nur einen gescheiten und vor allem sauberen Ton herauszubekommen.

Dieser erste Weihnachtsgottesdienst in der *Scot's Kirk* am 25. Dezember hatte aber noch eine Besonderheit: In ihm fand die erste Taufe eines Erwachsenen statt. Piyasena gehörte zu den Aufständischen des Jahres 1971 und war deswegen 13 Monate im Gefängnis gewesen. Dort führte er sehr viele Gespräche mit Christen, die die Gefängnisinsassen besucht hatten. Das weckte sein Interesse. Als er herauskam, erfuhr er durch die christliche Freundin seines muslimischen Freundes von der Arbeit der Kandy-City-Mission und kam nach Kandy, um mehr über den Glauben in Erfahrung zu bringen. Das war im September. Weihnachten wollte er sich taufen lassen. Ihm war es ganz wichtig, einen Schlussstrich unter sein bisheriges, verkorkstes Leben zu machen. So wollte er auch einen neuen, christlichen Namen bekommen. Er suchte sich den Namen Christopher aus und trägt ihn bis heute.

Eine besondere Attraktion der Kinder in unserer Nachbarschaft aus Lewella war der Weihnachtsbaum in unserem Haus. So etwas, geschmückt mit Kerzen und Strohsternen und darunter eine wunderschöne Krippenlandschaft, hatten sie noch nie gesehen. In Sri Lanka werden die Weihnachtsbäume eher mit Luftballons als mit Sternen geschmückt. So versammelten sich in der Weihnachtszeit Eltern mit ihren Kindern in unserem Wohnzimmer. Manchmal spielten wir Kinder ihnen die Weihnachtsgeschichte auf unserem Kasperletheater vor, damit sie verstehen konnten, wer die Krippenfiguren da unter dem Baum waren. Ob sie allerdings unser Englisch verstanden, weiß ich nicht.

Unsere Weihnachtsstube

Neben der Arbeit in Kandy war mein Vater auch noch für die deutsche Gemeinde in Colombo zuständig. Wir Kinder bekamen davon zwar nur einmal im Jahr den in die Adventszeit vorgezogenen Weihnachtsgottesdienst mit, aber der war dafür immer ein schönes Erlebnis. Gern sangen wir in dem extra zusammengestellten Chor mit. Der Höhepunkt des Ganzen war für uns allerdings die kleine Weihnachtsfeier danach, bei der es die leckeren, importierten, deutschen Plätzchen gab. Die allein schon waren die lange Fahrt nach Colombo wert.

Mit der Zeit kamen immer mehr Sri-Lanker in den Gottesdienst in die *Scot's Kirk*. Es waren meist einfache Menschen, die wenig Englisch verstanden. Mein Vater erfuhr, dass alle Arbeiter, die am Bau des Gebäudes der KCM beschäftigt waren, zu seinem Geburtstag im Januar geschlossen in den Gottesdienst kommen wollten. So bat er jemanden aus der Gemeinde, Mr. Leanage, den Rektor des Kingswood College, einer Jungenschule in Kandy, seine Predigt ins Singhalesische zu übersetzen, so dass alle ihn verstehen konnten. Bald danach wurde beschlossen, die Gottesdienste immer zweisprachig zu halten. Später übersetzte auch Christopher, der gut Englisch konnte, die Predigten.

Für die ursprünglichen Gemeindeglieder war es anfangs gar nicht so einfach, sich von ihrem traditionellen, rein englischen Gottesdienst zu verabschieden und jetzt keine reine *Burgher*-Gemeinde mehr zu sein. Hinzu kam, dass nicht die Oberschicht Sri Lankas als Gemeindeglieder hinzukamen, sondern weitgehend einfache Arbeiter und Hausangestellte. Im Volksmund galt die *Scot's Kirk* als die *servants church*, die Kirche der Diener. Nach und nach kamen auch immer mehr Tamilen dazu, so dass der Gottesdienst später sogar dreisprachig gehalten wurde. Da war es sehr gut, dass die Evangelische Landeskirche von Westfalen (unsere *Heimatkirche*) dreisprachige Gesangbücher spendete, so dass jeder in seiner eigenen Sprache die Lieder mitsingen konnte – Englisch, Singhalesisch oder Tamil. Für manche war das zugleich effektiver Englischunterricht. Andersherum hat es bei uns leider nicht funktioniert. Dazu sind die einheimischen Sprachen denn doch zu schwierig. Aber einige immer wiederkehrende, singhalesische Worte des Gottesdienstes sind trotzdem bis heute bei mir hängengeblieben.

Renate und der Kindergarten

Renate Kreft lebte sich in Sri Lanka schnell ein. Zusammen mit Charlotte, Pushpa, ihrer Haushaltshilfe und später noch anderen hat sie in der *Manse* eine Art Wohngemeinschaft gebildet. Das war eine lustige Truppe, die ich gern besuchte.

Pushpa war 22 Jahre alt und die Schwester unseres Gärtners Kesevan, unseres früheren Fahrers. Sie freute sich sehr darüber, bei Renate zu arbeiten, obwohl sie bis dahin noch keinerlei Erfahrung in fremden Haushalten hatte und – wie sie mir später einmal verriet – noch gar nicht viel gekocht hatte. Eigentlich war sie bis dahin nie so richtig aus ihrem Dorf Lewella herausgekommen. Aber bei einer weißen *Nona* (Frau) zu arbeiten, bedeutete ihr sehr viel.

Pushpa war ein Original und die Kombination Renate und Pushpa der Beginn einer wunderbaren, bis heute bestehenden Freundschaft. Am Anfang hatte sie Schwierigkeiten, sich zurechtzufinden. Doch sie lernte schnell, sowohl sri-lankisch als auch deutsch zu kochen. Ich bin jedenfalls immer, wenn ich in der Stadt war, zu ihr in die Küche gegangen, um ihr leckeres Essen zu probieren und habe es nie bereut.

Am meisten freuten wir Kinder uns, wenn wir bei Renate übernachten durften. Einmal, als ich mich an den Frühstückstisch draußen auf der kleinen Terrasse vor der Küche setzte, beobachtete ich, wie eine der vielen Krähen ganz schön dreist wurde. Pushpa hatte gerade ein leckeres Spiegelei auf den Tisch gestellt und war wieder in die Küche gegangen, um das nächste zu holen. Da kam doch tatsächlich die Krähe herangeflogen, schnappte sich das komplette Spiegelei und verschwand im nächsten Baum. So eine Frechheit! Gut, dass ich das beobachtet hatte, sonst wäre ich bestimmt verdächtigt worden, das Spiegelei gegessen zu haben. Bei Pushpa gab es für uns auch immer schwarzen Tee mit ganz viel Zucker und dicker, süßer Kondensmilch. Letztere schmeckte eher wie cremiger

Honig und ich habe sie am liebsten direkt aus der Dose gelöffelt. Einmal schloss Renate mit mir eine Wette ab: Wenn ich es schaffen würde, eine ganze Dose leer zu essen, bekäme ich von ihr noch eine geschenkt. Mehr als die Hälfte habe ich nicht geschafft. Danach hatte ich erst einmal genug von dem süßen Zeug.

Dass Renate ein Händchen für Kinder hat, wussten wir schon aus eigener Erfahrung. So kümmerte sie sich auch hier in Sri Lanka sehr um die Arbeit mit Kindern und nach und nach auch um die ganze Sozialarbeit – sowohl in dem Slumgebiet Katukelle, in dem die Toiletten gebaut worden waren, als auch in vier bis fünf weiteren Dörfern rund um Kandy herum. Einige der Slum-Bewohner öffneten ihre Häuser und baten Renate, dort Kinderstunden für die vielen Kinder zu halten. Pushpa, Christopher, Bernie und einige Mitarbeiter vom YMCA, der sich direkt neben der *Scot's Kirk* befand, unterstützten sie dabei tatkräftig; besonders auch darin, ihr Englisch ins Singhalesische zu übersetzen. Das war ein sehr gutes Miteinander, das allen Beteiligten viel Freude machte.

Eigentlich sollte Renate ja vor allem als Hebamme tätig sein. Da sie aber noch keine offizielle Genehmigung für diese Arbeit hatte, begann sie, da sie von Beruf Erzieherin war, in der KCM einen Kindergarten zu gründen. Er fand zunächst in dem großen Pfarrhaus statt und Bernie, die bis dahin bei uns im Haushalt war, half ihr. Als Bernie merkte, dass ihr die Arbeit mit Kindern gut gefiel, machte sie erst noch die offizielle Erzieherinnenausbildung in Colombo.

Die Zielsetzung dieses Kindergartens lag auch darin, Kindern aus dem Slumgebiet, die sich keinen städtischen Kindergarten leisten konnten, aufzunehmen. So hatten sie die Chance, langfristig aus ihrem Stigma als Slum-Kind herauszukommen und in die Gesellschaft besser integriert zu werden.

Am 1. August 1973 wurde der Kindergarten eröffnet. Er hatte bald so einen guten Ruf in der Stadt, dass viele reichere Leute ihre

Kinder auch in diesen Kindergarten schicken wollten. So konnten mit deren Beiträgen die Plätze der Slumkinder mitfinanziert werden. Bis heute besteht der Kindergarten auf diese Weise, so dass immer 10 bis 12 Slumkinder dort kostenlos den Kindergarten besuchen können.

Einmal kamen Eltern, um sich zu beschweren, dass sie ihr Kind nicht mit Slumkindern im gleichen Kindergarten haben wollten. Daraufhin sagte Renate mit ihrem trockenen Humor: „Das macht nichts, sie können gerne Ihr Kind in den guten städtischen Kindergarten bringen. Der ist für sie sogar noch günstiger. Dann muss ihr Kind nicht neben den Kindern aus dem Slumgebiet sitzen. Aber die Kinder aus den Slums müssen auf jeden Fall hier bleiben, denn die bekommen nirgendwo anders einen Platz." Das hat die Eltern sehr nachdenklich gemacht. Jedenfalls wollten sie auf keinen Fall ihr Kind aus dem Kindergarten herausnehmen. Diese Eltern hätten es wohl nicht fertiggebracht, was die Kinder im Kindergarten spielend und ohne Probleme schafften: sich mit Leuten aus einem Slumgebiet an den gleichen Tisch zu setzen. Den Kindern war es egal, wie der andere gekleidet war oder woher er kam. Hauptsache sie konnten gut miteinander spielen.

Manchmal, wenn ein Kind Heimweh hatte und weinte, nahm Pushpa es zu sich in die Küche, tröstete es und beruhigte es mit etwas Leckerem zu essen. Das war für Renate eine große Hilfe, zumal Pushpa das Kind ja in seiner Muttersprache trösten konnte. Hinterher setzte sie sich dann mit in den Stuhlkreis bis das Kind wieder integriert und fröhlich war.

Nachmittags kamen oft Bettlerinnen mit ihren Säuglingen zur Manse. Da stellte Renate kurzerhand im Garten eine Wanne auf, badete die Kinder und half den Müttern bei der Säuglingspflege. Zum Glück bekam sie aus Deutschland manchmal Säuglingskleidung gespendet, die sie hier gut weitergeben konnte.

Im Großen und Ganzen finanzierte sich der Kindergarten bald selbst. Für die Erstanschaffung der Spielsachen mussten natürlich Sach- und Geldspenden verwendet werden. Einmal, als mein Vater im Ausland war, sollte ein Polizist ein wenig auf den Kindergarten aufpassen. Er war von der Arbeit so begeistert, dass er in Eigenregie Rohre für Spielgeräte im Garten organisierte und selbst mit einbaute. Das war eine große Hilfe und es war vor allem schön zu sehen, wie viele Sri-Lanker bereit waren, sich selber mit einzusetzen, anderen zu helfen und nicht nur auf Spenden aus dem Ausland zu hoffen.

Pushpa lernte bei Renate sehr schnell Englisch und fand nach und nach auch in der Scot's Kirk ein neues zu Hause. So fing sie irgendwann an, bei der Übersetzung der Predigten im Gottesdienst mitzuhelfen – und tut es bis heute gerne, wenn mein Vater im Land ist und den Gottesdienst hält.

Renate Kreft mit dem Kindergarten vor dem Gartenlehmspielhaus

85

8. Familienzuwachs

Johann und seine Schwestern

Kurz vor Weihnachten 1972 verstarb Frau Senaratna, die Singhalesisch-Lehrerin meiner Eltern. Sie war schon seit acht Jahren verwitwet und hatte ihre drei Kinder seitdem allein großgezogen. Da die meisten Verwandten der drei schon erwachsenen Kinder in Colombo oder Australien lebten, haben meine Eltern sie gefragt, ob sie zu unserer Familie dazugehören wollten. Sie wollten! Die Älteste, Priyani, war gerade mit ihrem Medizinstudium fertig geworden und arbeitete als Ärztin im Krankenhaus. So konnte sie dort im Krankenhauswohnheim wohnen. Aber sie kam oft zu uns nach Hause oder wohnte bei Renate in der *Manse*.

Delini (Dilly), ihre jüngere Schwester zog dagegen richtig bei Renate in der Wohngemeinschaft ein. Sie hatte nach ihrem Schulabschluss keine Ausbildung gemacht, sondern war zu Hause bei ihrer Mutter geblieben. Als sie jetzt bei Renate die Kindergartenarbeit kennenlernte, war sie ganz angetan davon und wollte auch Erzieherin werden. Zunächst machte sie darum im KCM-Kindergarten ein Praktikum und später die offizielle Ausbildung zur Erzieherin in Colombo.

Nur Johann, der Jüngste wohnte ganz bei uns, da er kurz vor dem Abitur stand. Einen großen Bruder hatte ich mir immer schon gewünscht, aber dass er gleich so groß sein würde! Mit seinen wilden, halblangen Haaren, schlaksig und für meine Verhältnisse riesengroß, machte er auf mich einen gewaltigen Eindruck. Wenn er sich in der Küche mit Agnes, Kesevan oder Mr. Fernando auf Singhalesisch unterhielt, kam ich gern dazu, auch wenn ich nicht viel verstand. Bis heute gehört Johann fest zu unserer Familie und ist wie ein Bruder für uns.

Durch diesen Familienzuwachs wurden auch unsere Geburtstagsfeste und andere Familienfeiern noch bunter und fröhlicher. Vielfach kam Renate gleich mit ihrer ganzen Truppe zu uns – nicht erst zur Feier, sondern schon vorher zur Vorbereitung. Denn wenn es auch sonst zu den Mahlzeiten nie *Rice and Curry* gab, so wurden doch bei solchen Feiern die leckersten, sri-lankischen *short eats* (kleine Häppchen) aufgetischt. Da es viel Arbeit war, diese Fleischbällchen, gefüllte Teigtaschen und frittierte Röllchen zuzubereiten, halfen sie alle fleißig mit. Auch die Geburtstagskuchen mit viel Buttercreme waren Kunstwerke für sich. Einmal bekam unser Vater zu seinem Geburtstag von Agnes sogar einen Kuchen in Landesform. Das Anschneiden war dann immer eine feierliche Zeremonie.

Fleißige Köche (v. l. n. r.): Dilly, Pushpa, Bernie, Johann, Charlotte, Agnes

Agnes' Geburtstagskuchen in Form Sri Lankas für unseren Vater

Frieder

Ein Sohn reichte den Eltern aber immer noch nicht. So wurde am 15. August 1973 unser kleiner Bruder Frieder geboren. Da meine Mutter außer den beiden Ältesten alle anderen Kinder in unserem Haus in Schwelm bekommen hatte, war sie jetzt froh, dass sie auch hier in Sri Lanka eine Hausgeburt haben konnte. Ohne Renate wäre das allerdings etwas schwierig gewesen, so aber kein Problem. Da im August Ferien waren, wurden wir anderen Kinder ins Hochland zu einer befreundeten Familie *ausgelagert*. Familie Jayamaha wohnte in Welimada inmitten einer riesigen Teeplantage, dessen Verwalter Mr. Jayamaha war.

Familie Jayamaha (links im Bild) bei uns zu Besuch

Mein Vater hatte ihn schon bei seinem ersten Besuch in Sri Lanka kennen gelernt. Damals war er vom CVJM aus auf einer YMCA Tagung in Welimada gewesen und lernte dort Bertram Jayamaha kennen. Die Freundschaft zur ganzen Familie ist dann bald nach unserer Ankunft in Sri Lanka entstanden. Mit ihren drei, später vier Kindern verstanden wir uns auch gut, so dass wir gerne bei ihnen waren. Anlässlich ihres ersten Besuches bei uns in Lewella – im Juli 1971 – schrieben sie in unser Gästebuch:

„When you drink your tea, please think of us who grow it. We will grow it and think of you, who drink it!" (Wenn ihr euren Tee trinkt, denkt bitte an uns, die wir ihn anbauen. Wenn wir ihn anbauen, denken wir an euch, die ihr ihn trinkt!

Mutter mit Frieder in Welimada

Seitdem verbrachten wir immer wieder gerne die heiße Jahreszeit im kühlen Welimada. Später ist meine Mutter mit Frieder geradezu dahin geflüchtet, weil er unter massiven Hitzepickeln litt.

Doch als Frieder geboren wurde, konnten wir es kaum abwarten, wieder nach Hause zu kommen, um ihn endlich zu sehen.

Besonders meine älteste Schwester Mechthild wollte so schnell wie möglich wieder heim, aber aus einem ganz anderen Grund. Sie hatte sich beim Reiten das Bein gebrochen, so dass es eingegipst werden musste. Meiner Mutter erzählten wir aber nur, dass Mechthild krank sei, damit sie nicht vor Schreck eine Frühgeburt bekäme. Daraufhin verordnete sie ihr nach altbewährter Weise Sitzbäder, weil sie dachte, Mechthild hätte nur Fieber. Wir haben uns kringelig gelacht und diese Anweisung gleich auf den Gips geschrieben. Auch Mutter musste später darüber herzlich lachen.

Vater mit Frieder

Obwohl ich in einer Wette, dass es wieder ein Mädchen sein würde, eine Tafel Schokolade verloren hatte, habe ich mich riesig über den Bruder gefreut. Mechthild soll einmal jemandem gesagt haben: „Wir werfen nur Mädchen". Das ist ihr wahrscheinlich so herausgerutscht, weil ihr Dalmatiner bald Junge bekommen sollte.

In ihrem Rundbrief schrieben die Eltern nach Deutschland:

„Der Geburtstag wurde von der Öffentlichkeit großartig zur Kenntnis genommen und gleich gefeiert: Elefanten (über 50) wurden zu einem grandiosen Umzug zusammengestellt, Tänzer, Trommler und Pfeifer in Scharen wirkten beim Umzug mit, und die Zuschauermenge, die zig Tausende zählte, war kaum in ihrer Neugier und Schaulust zu zähmen. Marlene und Frieder beschlossen dann lieber – obwohl das sicher alles ihnen gelten sollte – an diesem Höhepunkt der Perahera *zu Hause zu bleiben."*

So ein großer Bahnhof für meinen kleinen Bruder. Natürlich hätte die *Perahera* auch ohne Frieders Geburt stattgefunden.

Ende August konnten wir endlich nach Hause fahren und unseren kleinen, süßen Bruder bewundern. Für mich war es ein Geschenk, mich mit meinen zwölf Jahren um einen Säugling kümmern zu dürfen. Puppen hatten mich nie so richtig interessiert – aber ein echtes Baby zu wickeln und herumzutragen: Das war das Größte. Meine anderen Geschwister rissen sich zum Glück nicht so sehr darum.

Johann mit Frieder

Als wir zehn Monate später zum Heimaturlaub nach Deutschland flogen, konnten meine Eltern erst später nachkommen. So wurden wir sechs Kinder von zwei befreundeten Damen aus der Schweiz begleitet. Eine von ihnen, Beatrix, hat mir zum Glück im Flugzeug geholfen, denn mit Frieder im Krabbelalter war der Flug ganz schön anstrengend. Statt ruhig in seinem Minibett an der Wand des Flugzeuges liegenzubleiben, wollte er natürlich viel lieber auf dem Boden herumkrabbeln. Jedenfalls war ich sehr erleichtert, als er irgendwann endlich einschlief. An diesen Heimaturlaub erinnere ich mich noch gut. Es war spannend, allen Verwandten und Freunden von unseren Erlebnissen in Sri Lanka zu erzählen. Außerdem war ich froh, die Fußballweltmeisterschaft mitzubekommen. In Sri Lanka gab es damals noch kein Fernsehen, so dass wir alles verpasst hätten. Und dann auch noch Weltmeister zu werden – besser ging es nicht! Frieders Taufe fand ebenfalls während des Heimaturlaubs in der Kirche in Schwelm statt. Gefeiert haben wir bei einem seiner Patenonkel, Siegfried Bubenzer, in Ennepetal.

Zurück in Sri Lanka hatten meine Eltern bestimmt oft Sorge um die Sicherheit unseres Bruders. Er war nämlich ganz schön wild und draufgängerisch. Da musste einer schon immer hinterherlaufen und aufpassen. Einmal hörte meine Mutter durchs offene Fenster wie Frieder sagte: „Diese Schlange muss ich töten". Kreidebleich rannte sie nach draußen und sah, wie Frieder mit einem alten Messer gerade einen Regenwurm entzweischneiden wollte. Es hätte aber genauso gut eine kleine *Polonga* sein können. Seitdem durfte Frieder nicht mehr allein draußen herumstrolchen.

Im Gegensatz zu uns drei Großen haben meine drei kleinen Geschwister sehr schnell Singhalesisch gelernt. Für meinen Bruder gab es eigentlich keine ganz eindeutige Muttersprache, ist er doch wirklich vom ersten Tag an dreisprachig aufgewachsen. Manchmal kam dadurch ein ganz lustiges Kauderwelsch zusammen.

Blond und blauäugig wurde Frieder nach Strich und Faden verwöhnt und bekam sogar ein eigenes Kindermädchen, Saralla, die jüngere Schwester von Kesevan und Pushpa. Saralla war sein Ein und Alles. Am liebsten hätte er sie Tag und Nacht um sich gehabt, aber sie wohnte, im Gegensatz zu Agnes, nicht bei uns, sondern zu Hause bei ihrer Familie. Einmal jedoch, als die Eltern nicht da waren, hat Johann noch spätabends Saralla geholt, um Frieder zu beruhigen. Das war keinem von uns gelungen.

Als Frieder ein Jahr alt war, bekam Minka, Mechthilds Dalmatiner, zehn Junge. Frieder war begeistert und die armen Hundebabys mussten ganz schön was aushalten. Auf einem Film ist zu sehen, wie er in einer Waschschüssel sitzt und die kleinen Hunde zu sich hereinzerrt. Aber ihnen schien es zu gefallen, denn sie sind nicht weggelaufen. Irgendwann mussten die kleinen Hunde natürlich weggegeben werden. Da war er ganz traurig, doch noch mehr Tiere hätten meine Eltern, glaube ich, nicht verkraftet.

Agnes, Frieder und die Dalmatinerwelpen

9. Das Schweinefeld

Urawela

Die von der KCM gebauten Toiletten waren bei der Stadtverwaltung in sehr guter Erinnerung. Das lag auch daran, dass durch die unermüdliche Arbeit vieler, freiwilliger Helfer bei der Hygiene- und Gesundheitsberatung die Menschen in dem Slumgebiet erstaunlich gut auf die Toiletten achtgaben und sie nicht wieder verwahrlosen ließen. So dauerte es nicht lange (Herbst 1973), bis eine erneute Anfrage an die KCM herangetragen wurde. Sie sollte auch in einem Slumgebiet in der Nähe des Ortes Peradeniya, 10 km südlich von Kandy neue Toiletten bauen.

In diesem Slumgebiet herrschten die schlimmsten Zustände. Der Name *Urawela* (Schweinefeld) deutete schon darauf hin. In den Baracken lebten nicht nur bis zu 15 Personen in einem einzigen, kleinen Raum. Hier herrschte durch das ganze Elend auch große Gewalt bis hin zur Kriminalität. Fast jeden Tag musste die Polizei Streitigkeiten und Prügeleien schlichten. Als mein Vater sich das Gebiet anschaute, war er entsetzt und sagte: „Hier nützen keine Toiletten, die Leute müssen da heraus!" Das ganze Gebiet lag dschungelähnlich im Tal einer verwilderten Hügelkette, die eigentlich eine heruntergewirtschaftete und stillgelegte Teeplantage war. Jedenfalls vermittelte dieses *Urawela* einen äußerst deprimierenden Eindruck. Was aber konnte man hier wirklich tun, um die Menschen aus diesem Elend herauszuholen? Nach und nach entstand bei der KCM ein Plan, der sehr vielversprechend klang und in Zusammenarbeit mit der Regierung, den Leuten selber und Helfern von außen vielleicht sogar durchsetzbar war. Die KCM sollte vom Staat ein großes Gebiet auf der Hügelkette Augustawatte pachten. Darauf würden dann in zwei Bauabschnitten 300 Häuser für jeweils eine Familie – auch in Eigenleistung – gebaut werden. Ganz wichtig war es, von Anfang an festzulegen, dass jeweils nur eine Familie ohne die ganze dazugehörige Verwandtschaft das Haus bewohnen dürfte, sonst wäre das nächste Slumgebiet gleich wieder vorprogrammiert gewesen.

Jede Familie sollte von der KCM ein Bankdarlehen in Höhe von 10.000 Rupees für Baumaterial bekommen, womit sie in Eigenleistung, durch Nachbarschaftshilfe und mit fachmännischer Hilfe für sich ein Haus bauen könnten. Wenn das Haus bezogen war, würden sie von der KCM zusätzlich 300 Orchideenpflanzen im Wert von 10.000 Rupees geliehen bekommen, um mit dem Verkauf der Orchideenschnittblumen die Häuser und auch die Orchideen abbezahlen zu können. So würden beides, Haus und Orchideen in ca. zehn Jahren ihnen selbst gehören. Einen eigenen, schönen Besitz, den man sich erarbeitet hat, pflegt man besser, als wenn es einem einfach nur geliehen oder sogar geschenkt wird.

Da Sri Lanka ein Orchideenparadies ist und mein Vater Hobbygärtner war, lag es nahe, Orchideen zu nehmen, deren Schnittblumen wegen der langen Blütezeit und Haltbarkeit auch gut von der KCM ins Ausland verkauft werden konnten. Auf diese Weise müssten sich die Siedler nicht selbst um Absatzmärkte kümmern. Wer sonst irgendwo eine Arbeitsstelle fand oder im Garten noch Obst- und/oder Gemüseanbau zum Verkauf betrieb, hätte zusätzlich die Möglichkeit, das Haus und die Pflanzen noch schneller abzubezahlen.

Ein größenwahnsinniger Plan? Woher das Geld nehmen, um überhaupt erst einmal die Gegend zu einer Wohngegend zu machen? Da waren noch nicht einmal Straßen vorhanden, geschweige denn Kläranlagen, Wasser- Stromversorgung oder was man sonst noch alles für ein funktionierendes Wohngebiet brauchte. Doch mein Vater plante einfach munter drauflos in dem Vertrauen darauf, dass – wenn dies alles geschehen sollte – Gott schon für die nötigen Geldquellen sorgen würde. Eines Abends – es war noch Ende 1972 – bekamen meine Eltern Besuch von einem Sachverständigen der EZE (Evangelische Zentralstelle für Entwicklungshilfe). Es war sein letzter Abend in Sri Lanka. Der Botschafter in Colombo hatte ihm von der Arbeit der KCM und dem deutschen Pfarrer in Kandy erzählt und so ist er schnell noch nach Kandy gefahren, um mit meinem Vater zu sprechen. Im Laufe des Abends kam das Gespräch auch auf das geplante Projekt in Augustawatte. Der Mann schlug sich an den Kopf und sagte: „Jetzt reise ich seit drei Wochen quer durch ganz Süd-Ost-Asien auf der Suche nach einem geeigneten Projekt und finde keins. Dann komme ich am letzten Abend hier zufällig hin – und da ist es! Wie viel Geld brauchen Sie dafür?" Für meinen Vater klang das fast wie Weihnachten und Ostern zusammen, es war zu schön, um wahr zu sein. Oder vielleicht besser: Gebetserhörung pur!

Die Mühlen der Bürokratie mahlen aber langsam. So dauerte es noch bis alle Gelder genehmigt waren. Aber die Zusage war da – und auf diese Zusage hin fing die KCM gleich mit der Arbeit an. Zunächst musste mein Vater sich mit der Orchideenzucht vertraut machen. Dann galt es, Mitarbeiter zu suchen, die sich im Gartenbau auskannten und sie speziell für die Orchideenzucht schulen zu lassen. Zur Erschließung der alten Teeplantage pachtete die KCM vom Staat drei Hektar Land zunächst einmal für 30 Jahre. Auf diesem Gelände wurde nach und nach die Orchideengärtnerei aufgebaut und auch die Gebäude der KCM für das Leben im Dorf: Das Verwaltungsgebäude, ein Kindergarten, das Haus für den Projektleiter und später noch andere Gebäude.

Ein Gemeindemitglied der *Scot's Kirk* vermittelte der KCM Arbeiter, die früher auf der Teeplantage gearbeitet hatten. Sie halfen, das Land zu vermessen, zu planieren und für den Bau der Häuser vorzubereiten.

Da es in Sri Lanka noch keine großen Baufirmen gab, musste alles mit Kleinunternehmen und Handwerkern bewerkstelligt werden, was die Koordination manchmal sehr schwierig machte. Die Häuser sollten solide sein und ohne Kontrolle hätte die Qualität sehr schnell gelitten. Durch Bestechung und Verkauf minderwertiger Ware wurde immer wieder versucht, schnell zu Geld zu kommen. Dass hier im Projekt sehr ordentliche Arbeit geleistet wurde, ist vor allem dem Bauingenieur von der KCM, Ford Gunatillaka, zu verdanken, der treu jeden Morgen um 5.00 Uhr früh an den verschiedenen Baustellen stand und alles beaufsichtigte. Außerdem konnte er so auch die Siedler, wenn es nötig war, bei ihrer Eigenarbeit beraten. Wichtig war es zudem, dass die Siedler nicht alles benötigte Geld auf einmal geliehen bekamen, sondern jeweils nur für den nächsten Bauabschnitt. Sonst wäre es vielleicht in andere Kanäle geflossen. Doch auf diese Weise konnten wirklich solide und qualitativ hochwertige Häuser preisgünstig entstehen.

Orchideenzucht

Das ganze Jahr 1974 über wurde hart daran gearbeitet vor allem die Orchideenzucht in Gang zu bringen, damit die Setzlinge bei der Übergabe an die Siedler große, blühende Pflanzen mit verkaufsfertigen Orchideenstängel sein würden. So wurden 35.000 Pflanzen von Mitarbeitern liebevoll gepflegt und groß gezogen.

Mit dieser Orchideenzucht bekam mein Vater große, fachliche Beratung und Unterstützung durch ein Team von acht Deutschen, die von der GTZ (Deutsche Gesellschaft für Technische Zusammenarbeit) im landwirtschaftlichen Team für Entwicklungshilfe in Sri Lanka waren, u.a. von Herrn Dr. Respondek und Herrn Dörfler. Ein anderer Deutscher, Herr Hagen, war im großen botanischen Garten in Kandy – in dem wir sehr gerne waren und viele Picknicks gemacht haben – als Berater für die Orchideenzucht Sri Lankas zuständig. Auch er hat der KCM sehr geholfen. Durch ihn lernte mein Vater den Orchideenzüchter Mr. Koh Keng Hoe aus Singapur kennen. Mit diesem und seiner Familie waren meine Eltern all die Jahre danach nicht nur freundschaftlich verbunden, sondern mein Vater lernte durch ihn auch sehr viel über die Orchideenzucht.

Meine Mutter hatte dann noch eine gute Idee: Sie sah, wie viele arme Witwen, die Frauen ehemaliger Teeplantagenarbeiter, dort oben in Augustawatte in ärmlichen Hütten am Hügel wohnten und keine Arbeit hatten. So machte sie den Vorschlag, im Projekt eine offene Halle für eine Töpferei zu bauen, damit diese Frauen dort die Töpfe für die Orchideenpflanzen herstellen konnten.

Das war eine große Hilfe für diese Frauen, um ihre Familien ernähren zu können, denn so etwas wie eine allgemeine Witwenrente oder gar Kindergeld gab es in Sri Lanka nicht. Auch waren die meisten von ihnen indische Tamilen, die eigentlich ohne Staatsbürgerschaft, und somit ohne Rechte im Land lebten. Die Briten hatten im 19. Jahrhundert viele Tamilen aus der südindischen Provinz Tamil Nadu als billige Arbeitskräfte für die großen Teeplantagen eingeschleust, die zum Teil noch nicht einmal Geburtsurkunden besaßen. Auch die meisten Teepflückerinnen auf den großen Teeplantagen im Hochland des Landes nahe Nuwara Eliya teilten dieses Schicksal. Besonders hart traf es die Kinder dieser Ärmsten der Armen, da sie durch das Raster der Schulpflicht fielen und so meistens keine Schule besuchten, ganz abgesehen davon, dass sie bestimmt nicht das Geld für Bücher und Schulkleidung hätten aufbringen können.

Die indischen Tamilen in Augustawatte waren natürlich noch schlechter dran, da sie noch nicht einmal mehr Arbeit auf der Teeplantage hatten. So waren die Töpferei und andere Arbeitsmöglichkeiten bei der KCM ein kleiner Lichtblick.

Anzucht für das Orchideenprojekt

Straßenbau in Augustawatte und der noch kahle Hügel für die Häuser

Eröffnung der Gemeinschaftshalle

Häuser der Siedler im Projekt

10. Schwimmkurse und anderes Gesundes für Leib und Seele

Eine Zufallsentdeckung

Während die Planungen und Vorbereitungen für das Augustawatte-Projekt auf Hochtouren liefen, gingen die Arbeiten unten in der Stadt Kandy natürlich weiter. Im Juni 1973 wurde das Gebäude der KCM durch den anglikanischen Bischof aus Kurunägale feierlich eröffnet. Die Arbeiter, die alle zu *ihrem* Bau gekommen waren, strahlten über das ganze Gesicht. Viele Gäste – nicht nur die aus dem Ausland – spendeten zur Eröffnung einen Stuhl, so dass das Gebäude schon richtig wohnlich aussah und jeder eine Sitzgelegenheit hatte. Es gab sri-lankische Leckerbissen – *short eats (finger food)* – und Saft.

Danach konnte alles besichtigt werden. Die Büroräume waren im ersten Stock, und unten im Erdgeschoß sollte eine Cafeteria eröffnet werden, die einen Zugang sowohl von der Straße, als auch vom Kirchengelände her hatte. In einem Innenhof gab es Sitzmöglichkeiten unter freiem Himmel und einige unter einer Überdachung, da das Gebäude ums Eck gebaut worden war. Die Räume, die neben der Cafeteria direkt an der Straße lagen, sollten als Läden vermietet werden, damit die laufenden Kosten und die soziale Arbeit der KCM nicht nur durch Spenden, sondern auch durch Eigeneinnahmen finanziert werden konnten.

Das Schmankerl aber war der Swimmingpool. Bei den Vorbereitungen für das Fundament wurde zufällig entdeckt, dass an der Stelle früher einmal ein Feuerwehrtank gelegen hatte. So entstand in Kandy das erste, öffentliche Schwimmbecken, und es hatte sogar eine von einem Touristen gespendete Gegenstromanlage.

Nun galt es, Schwimmkurse anzubieten, denn die wenigsten Einwohner Kandys konnten damals schwimmen. Das zu lernen, war besonders für die arme Bevölkerungsschicht ganz wichtig, da immer wieder etliche Menschen, die sich und ihre Kleidung im Fluss Mahaweli Ganga wuschen, von der starken Strömung mitgerissen wurden und ertranken.

Zunächst meldeten sich nur Jungen und junge Männer an – der Schicklichkeit halber. Aber als die Mädchen meine Schwestern und mich fröhlich im Wasser planschen sahen, meldeten sie sich irgendwann auch zu einem Schwimmkurs an. Manche wollten zuerst mit ihrem Lungi (ein Tuch, das man wie einen Sari um sich bindet) ins Wasser, weil sie natürlich keinen Badeanzug hatten. Sie merkten aber sehr schnell, dass das überhaupt nicht funktionierte und überlegten sich andere Lösungen. Zur Not gingen auch Shorts und T-Shirt.

Gebäude der KCM mit Schwimmbad

Alltag in der KCM

Rechtzeitig zur *Perahera* des Jahres 1973 bauten einige der Jugendlichen und jungen Erwachsenen aus der Gemeinde ein Podium,
um Sitzplätze an Touristen und andere Interessierte zu verkaufen. Sie waren stolz darauf, dass sie durch das eingenommene Geld
dazu beitrugen, dass das längst überfällige Dach der alten, reformierten Kirche renoviert werden konnte.

Überhaupt ist die Gemeinde in diesen ersten Jahren sehr gewachsen. Immer wieder kamen Menschen, die sich schon längere Zeit
im Gottesdienst heimisch fühlten, und wollten getauft werden. So
wurde regelmäßig Taufunterricht gehalten, natürlich meistens auf
Singhalesisch und wenn nötig auch auf Tamilisch. Ein Ältester der
Gemeinde, einer der wenigen ursprünglichen Gemeindeglieder,
sagte einmal: „Seit 25 Jahren gehöre ich jetzt zur Gemeinde. Jedes
Jahr nahm die Zahl der Mitglieder ab. Zum Schluss waren manchmal nur drei Leute im Gottesdienst. Jetzt sind über 100 Leute jeden Sonntag im Gottesdienst, nicht nur weiße, nicht nur Reiche,
sondern aus allen Bevölkerungsschichten. Wir sind wie eine große
Familie aus allen Teilen der Stadt." Ihm jedenfalls gefiel das sehr.

Besonders gut erinnere ich mich an die Bibelstunden meines
Vaters einmal pro Woche in der *Manse* oder auch draußen im
Garten, zu denen ich immer gern hinging. Er besaß die Gabe,
den Bibeltext richtig spannend zum Leuchten zu bringen. Was
er im Einzelnen sagte, weiß ich jetzt natürlich nicht mehr, aber
einige der Texte sind mir seit damals präsent und in ihrer Be-
deutung lebendig. Vielleicht haben das auch die Menschen dort
gespürt, dass die Worte der Bibel nicht einfach nur Geschichten waren, sondern mitten in ihr eigenes Leben hineinsprachen.

Bibelstunde im Garten der KCM

In Bezug auf das Gemeindeleben ging sehr viel von den neuen Gemeindemitgliedern aus. Als einige Eltern sich taufen ließen, schlug mein Vater ihnen vor, die Kinder nicht mit zu taufen, damit sie sich später selbst dafür oder dagegen entscheiden könnten. Er wollte gerade keine Volkskirche schaffen. Doch die Eltern sagten: „Wir wollen, dass unsere Kinder auch zu dieser Gemeinde gehören und in dem neuen Glauben, der uns so wichtig geworden ist, aufwachsen. Wenn sie sich später dagegen entscheiden, können sie ja wieder austreten". So wurden auch die Kinder getauft, als Zeichen, dass Jesus sein Ja zu allen Menschen, ohne Vorleistung spricht. Wann dann der eigene Glaube, das eigene Ja dazukommt, kann sowieso nicht durch irgendeine Handlung institutionalisiert werden.

Ab und zu haben wir gegenseitige Besuche mit verschiedenen Jugendgruppen aus Colombo gemacht. Das gab immer viele schöne und lustige bunte Abende mit geistreichen und originellen Sketchen.

Renate hatte viele solcher Sketsche auf Lager, die sie weitergab oder auch zusammen mit den jungen Erwachsenen aus unserer Gemeinde einübte und vorspielte. Johanns Lieblingssketch war *Tee kochen*. Er goss heißes Wasser in die Kanne, in der das Teepulver mit Sieb schon drin war, schwärmte, während er verschiedenen Gästen den köstlichen Tee ausschenkte, von der guten Qualität des Ceylon-Tees und pries besonders dieses Aroma heute, das, wie er sagte, durch die Besonderheit des Teesiebs zustande käme. Dann, nachdem alle gekostet hatten, zog er einen langen Damenstrumpf mit Teeblättern aus der Kanne mit dem Hinweis, das besondere Aroma stamme von verschiedenen Personen, die diesen Strumpf getragen hatten. Wir haben uns halb schlapp gelacht und auch die, die den Tee probiert hatten, konnten zum Glück mitlachen. Neben den bunten Abenden gab es aber auch viel Zeit für Gespräche, Gemeinschaft, Bibelarbeiten und vor allem für viele Lieder unter Gitarrenbegleitung.

Der Kindergarten, den Renate im Pfarrhaus gegründet hatte, wuchs sehr schnell auf 50 Kinder an. Er war so beliebt, dass sogar schon eine Warteliste erstellt werden musste. Als Renate nach einiger Zeit die offizielle Genehmigung bekam, als Hebamme tätig zu sein, spezialisierte sie sich auf Hausgeburten, sowohl bei den Leuten, als auch bei sich zuhause im Gästezimmer. Das Krankenhaus war mit über 800 Geburten pro Woche und nur 50 Betten hoffnungslos überlastet. Viele mussten dort sogar auf dem Fußboden entbinden. Geräte konnten nicht sterilisiert werden und Verbandsmaterial wurde in alten Keksdosen (immerhin nicht auf dem Boden) aufbewahrt. Da die Stadt um Abhilfe gebeten hatte, wurde von der KCM auch ein Antrag auf Hilfe bei Brot für die Welt gestellt. Es gab von der Stadt aus Überlegungen, eine zusätzliche Entbindungsstation für Renate einzurichten. Davon wurde dann aber wieder Abstand genommen, da in Peradeniya, der Universitätsstadt angrenzend an Kandy, ein zusätzliches Krankenhaus gebaut werden sollte.

So machte sie einfach mit den Hausgeburten weiter. Als ich einmal nach der Schule Renate besuchte, war gerade eine Frau bei ihr zur Untersuchung. Plötzlich ging die Geburt los. Schnell richteten wir im Gästezimmer das Bett für die Geburt her. Weil sonst keiner im Haus war, sollte ich heißes Wasser holen und assistieren. So erlebte ich meine erste Geburt – und das mit 13 Jahren! Den Vater des Kindes mussten wir leider doch vor die Tür schicken, weil er drohte, in Ohnmacht zu fallen. Normalerweise war es Renate sehr wichtig, dass die Väter bei der Geburt dabei waren, was in Sri Lanka, so wie bei uns damals in Deutschland auch, noch unüblich war. Da der Vater dieses Kindes aber draußen war, durfte ich die Nabelschnur durchschneiden.

Renate Kreft als Hebamme umringt von ihren Kindergartenkindern

Homöopathie

Meine Mutter kümmerte sich anfangs sehr viel um die Cafeteria, bis ein guter sri-lankischer Manager gefunden werden konnte. Doch mit der Zeit wurde es ihr immer Wichtiger, sich nicht nur um das leibliche Wohl der Menschen, sondern auch um ihre Gesundheit zu kümmern. Schon 1971 hatte sie in Colombo Dr. Kulawardena kennengelernt. Er war zuerst ein schulmedizinischer Arzt gewesen. Als aber ein Verwandter von ihm, dem er selber mit der Schulmedizin nicht helfen konnte, durch einen homöopathischen Kollegen geheilt werden konnte, beeindruckte ihn das so sehr, dass er noch ein Homöopathiestudium absolvierte.

Nun konnte meine Mutter Dr. Kulawardena gewinnen, einmal in der Woche nach Kandy zu kommen und in einem Raum im neuen Gebäude der KCM die Menschen, die für eine ärztliche Behandlung zu arm waren, kostenlos zu behandeln. Kandy hatte zwar ein sehr gutes Krankenhaus und auch eine ausreichende ärztliche Versorgung, aber erstens konnten sich die einfachen Menschen oft nicht einmal die 20 Eurocents Krankenhausgebühr leisten und zweitens waren meine Eltern mittlerweile so von der Homöopathie überzeugt und begeistert, dass sie es den anderen nicht vorenthalten wollten.

In Deutschland kannten meine Eltern zwar die Homöopathie in Verbindung mit der Naturheilkunde und medikamentös in Form von Mischmitteln, nicht aber die klassische Homöopathie. Meine Mutter hatte beruflich etwas mit Naturheilkunde zu tun gehabt und uns dementsprechend mit Sitz- und Schwitzbädern und anderen Kneippschen Anwendungen, mit Lebertran und allen möglichen bitteren Säften gequält. Die hatten zwar auch geholfen, aber nie so schnell, wie jetzt die homöopathischen Kügelchen. Überzeugt von der Homöopathie wurden meine Eltern durch die

Behandlung meines Vaters von Dr. Kulawardena. Als damals vor unserer Ausreise nach Sri Lanka mein Vater sich in Tübingen im Tropeninstitut untersuchen ließ, ob er überhaupt tropentauglich war, wollten die Ärzte ihn gar nicht ziehen lassen. Er hatte diverse schwierige Krankheiten wie Gallen- und Nierensteine und auch schon einmal massive Probleme mit dem Herzen gehabt. Trotzdem ließen die Ärzte im Tropeninstitut meinen Vater ausreisen mit der Bitte, wenn er zu Besuch nach Deutschland käme, sich sofort zu melden und untersuchen zu lassen. Ich kann mich noch sehr gut an das erste Jahr in Sri Lanka erinnern, als er nachts ab und zu Nierenkoliken hatte. Es war schrecklich. Doch durch Dr. Kulawardenas Behandlung in den nächsten zwei Jahren wurde nach und nach alles geheilt – ohne jegliche Operation. 1974 beim Heimaturlaub ging er wie besprochen nach Tübingen zur Untersuchung. Der Arzt war baff. Er sagte: „Wo haben sie denn alle ihre Krankheiten gelassen? Wir können nichts mehr finden. Ich kann nur noch hier in den Unterlagen sehen, was sie früher alles hatten."

Das ist das Gute an der Homöopathie: Sie unterdrückt nicht und bekämpft nicht das Virus oder andere Erreger der Krankheit, sondern setzt im Körper Kräfte frei, der ihn befähigt, selber gegen die Krankheit anzukämpfen und so wieder ganz zu gesunden. Die Kunst des Arztes ist es, für den Patienten mit seinen gegenwärtigen Symptomen das richtige Mittel herauszufinden. Nicht der Arzt, sondern allein die Medizin heilt. Gerade deshalb ist es entscheidend, das richtige Mittel zu finden, was bei der Vielfalt der Mittel sehr schwierig sein kann. Dr. Kulawardena war jedenfalls ein sehr begnadeter Arzt, der gut zuhören und bei den Menschen heraushören konnte, welche Symptome sie am meisten belasteten. Wenn man bedenkt, dass es z.B. bei Kopfschmerzen alleine über 20 mögliche Mittel gibt, muss man schon genau hinhören. Uns Kindern war Dr. Kulawardena manchmal sogar etwas unheimlich, weil er meistens mit halbgeschlossenen Augen zuhörte und nur selten eine Frage nuschelte. Aber wenn unsere akuten Beschwerden durch das verschriebene Mittel schnell besser wurden, war es die Mühe wert.

Die Menschen in Kandy merkten jedenfalls sehr schnell, wie gut Dr. Kulawardena als homöopathischer Arzt war. Dafür nahmen sie gerne Wartezeiten in Kauf, denn jeden Dienstag früh war der Flur vor seinem Zimmer überfüllt. Selbst bei unseren Tieren halfen die Mittel, ob eine Kolik bei den Ponys oder Mastitis bei den Kühen oder diverse andere akute Krankheiten bei den Hunden oder Katzen – nur noch selten brauchten wir einen Tierarzt. Auch Renate interessierte sich sehr für die Homöopathie. Sie lernte viel von Dr. Kulawardena und half ihm später in der Praxis.

11. Unsere Jungenschule und andere Aktivitäten

Das *Trinity College*

1973 wechselten meine Schwestern und ich auf eine andere Schule. Meine älteste Schwester Mechthild wollte zum *Trinity College*, einer Jungenschule, gehen, da die einen sehr guten Ruf hatte mit international anerkanntem Abschluss. Ihre heimliche Motivation war bestimmt auch, dass sie die Mädchenschule satt hatte und endlich ein paar Jungen kennenlernen wollte. Aber das hat sie wahrscheinlich meinen Eltern nicht auf die Nase gebunden. Jedenfalls war der Schulleiter einverstanden, sagte allerdings: „Wenn schon ein Mädchen, dann aber alle". So kamen wir drei und Brigitte nach ihrem 5. Geburtstag an diese Schule. Später sind Henrike und Frieder, die zuerst im KCM-Kindergarten waren, auch dazugekommen. Im Laufe der Zeit kam zwar das ein oder andere Mädchen noch in diese Schule, dennoch ist sie bis heute eine Jungenschule geblieben. Immer, wenn wir Leuten erzählten, auf welche Schule wir gingen, haben uns alle ganz ungläubig angeschaut, weil jeder wusste, dass das Trinity College ganz bestimmt keine Mädchenschule war.

Zuerst freute ich mich, denn ich meinte, endlich guten Sport zu bekommen. Doch Pustekuchen: Die ganzen schönen Sportarten wie Rugby und Kricket waren natürlich nur für die Jungen – und so ging ich wieder leer aus. Wenigstens hatte ich aber kein Marschieren mehr, sondern während der Sportstunden der Jungen frei. Für uns gab es dann aber wenigstens zu unserem Ponyreiten zu Hause und Schwimmen (in der KCM) noch jede Menge Tanz-partys bei Freunden oder bei uns. An männlichen Tanzpartnern mangelte es ja jetzt nicht mehr. Unsere Freundinnen aus der Mäd-chenschule waren darüber auch ganz glücklich. Wir tanzten alle sehr gern und zehrten von einem Tanzkurs, den wir ziemlich am Anfang unserer Zeit in Sri Lanka einmal gemacht hatten. Manch-mal machten wir drei Großen uns mitten am Tag eine Schallplat-te mit Musik von Johann Strauß an und tanzten dazu Polka durch das ganze Wohnzimmer.

Eine Sportart habe ich aber trotzdem entdeckt und fast jeden Tag ausgeübt. In der Schule waren einige Chinesen, die sehr gut Tisch-tennis spielen konnten. Da in dem Innenhof des KCM-Gebäudes eine Tischtennisplatte stand, bin ich oft nach der Schule dorthin gegangen und habe mit ihnen gespielt, bevor ich mit dem Bus oder mit meinem Vater abends nach Hause gefahren bin. Das war eine gute Entschädigung für den fehlenden Schulsport! Da die neue Schule nur fünf bis zehn Minuten zu Fuß entfernt von der KCM und *Scot's Kirk* lag, ging ich nun immer in der Mittagspause zu Renate in die *Manse*. Pushpa wärmte mir dann mein von Agnes vorgekochtes Mittagessen auf, so dass ich es nicht, wie meine Klas-senkameraden, kalt essen musste. Meistens aßen wir alle zusam-men, so dass ich sogar noch oft von Pushpas leckerem Essen etwas abbekam. Das habe ich sehr genossen.

Uns drei Großen gefiel es im *Trinity College* sehr gut. Besonders für mich Quirl-Geist war die Zeit an der Jungenschule einfacher: Ich fiel nicht mehr so sehr auf, weil die Lehrer genug mit der Züch-tigung der unruhigen Jungen zu tun hatten. So bekam ich keine Linealschläge mehr und musste natürlich auch nicht vor der ge-samten Jungenklasse auf dem Stuhl stehen. Darüber war ich sehr froh. Allerdings flößten mir die Lehrer auch mehr Respekt ein, als die Lehrerinnen an der Mädchenschule, so dass ich mir viel mehr

Mühe gab, brav zu sein. Besonders vor unserem Mathematiklehrer hatten wir alle Angst. Er war der Konrektor und wurde wegen seines Glatzkopfes und seiner etwas bulligen Statur von allen Schülern nur Tuffy genannt. Oft konnten wir von außen mitfühlend beobachten, wie einer unserer Kumpane im Rektorenzimmer den Rohrstock zu spüren bekam. Da war ich zum ersten Mal froh, kein Junge zu sein.

Einmal musste ich eine Schulbefreiung für einen Tag bei Tuffy beantragen und ich weiß noch, wie viel Angst ich davor hatte. Nachdem meine Oma 1974 leider gestorben war, wollte mein Opa noch einmal heiraten. Er und Maria entschieden sich, in Sri Lanka zu heiraten und wollten von meinem Vater getraut werden. Das sollte – ich weiß auch nicht warum – an einem Freitag stattfinden, und so gab ich dem Konrektor den Zettel. Er sah mich ganz ungläubig an: „Your Grandfathers Wedding?" (die Hochzeit deines Großvaters?), so als würde ich ihm einen riesigen Bären aufbinden. Aber dann gab er mir zum Glück die Befreiung und ich konnte flüchten. Erst viel später habe ich erfahren, dass es in Sri Lanka absolut unüblich ist und geradezu als verpönt gilt, wenn ältere Menschen, die ihren Ehepartner verloren haben, noch einmal heiraten. Und das ist heute noch so. Um die alten Eltern haben sich die Kinder zu kümmern. Da sollen keine Fremden mehr ins Haus hinzukommen.

Die Hochzeit von Opa und Maria war ein schönes, großes Fest. Maria sah in ihrem weißen Sari wunderschön aus, und die ganze *Scot's Kirk* Gemeinde feierte hinterher fröhlich mit. Es gab sogar eine richtig traditionelle, dreistöckige Hochzeitstorte mit viel Zuckerzeug. Die ist von Pushpa liebevoll gebacken und verziert worden. Nach diesem schönen Fest fuhr mein Vater mit ihnen durch Sri Lanka, um ihnen dieses wunderschöne Land zu zeigen. Leider hatten wir zu der Zeit keine Ferien, so dass wir nicht mitfahren konnten. Renate zeigte ihnen bei einer Reise nach Nuware Eliya das Hochland.

Da abends meist nicht viel los war, zumal es immer zwischen 18:00 Uhr und 18:30 Uhr dunkel wurde, freuten wir uns über jegliche Abwechslung. Allerdings waren die Abende in der Familie – oft mit Gästen – auch sehr gemütlich und schön, besonders wenn mein Vater sich eine Zigarre oder die Pfeife ansteckte, ein untrügliches Zeichen, dass er Zeit hatte. Manchmal hat er sogar mit uns Skat gespielt. Das taten besonders meine ältere Schwester Liebgard und ich sehr gern. Dennoch waren wir natürlich froh, wenn etwas Besonderes stattfand – wie z.B. ein Kinobesuch.

Kino war für uns ein seltenes Erlebnis, da nicht viele englischsprachige Filme gezeigt wurden. Ich erinnere mich noch gut an das Musical *Chitty chitty bang bang*. Aber richtig Furore hat der Film *Jesus Christ Superstar* im ganzen Land gemacht. Wer immer es sich leisten konnte, schaute ihn sich an. Wenn man im Bus oder in der Stadt unterwegs war, waren immer wieder Menschen zu hören, die die eine oder andere der markanten Melodien des Films vor sich hin summten. Für mich war allerdings der Film *The Sound of Music*, ein Musical über die Trapp Familie, noch viel schöner. Ich glaube, ich habe ihn mindestens 12 Mal gesehen! Eine Bekannte schenkte mir ein Heft mit den Liedtexten, und so lernte ich in kürzester Zeit alle Lieder auswendig und sang sie lauthals bei jeder Autofahrt. Bis jetzt dachte ich, dass nur ich diesen Film so geliebt hätte, aber dann erzählte mir Liebgard, wie beliebt auch dieser Film im ganzen Land über einen langen Zeitraum war. Bevor damals im Kino ein Film losging, standen alle auf, während die Nationalhymne gespielt wurde – natürlich auf Singhalesisch: *Sri Lanka matha* .... Spätestens nach diesen zwölf Kinobesuchen hätte ich sie mitsingen können.

Urlaubsziele im tropischen Jahreszyklus

Ferienmäßig war es sinnvoll, sich dem Jahreszyklus des Landes anzupassen. In den Tropen gibt es nicht Frühling, Sommer, Herbst und Winter, sondern das Jahr ist grob in die zwei Regenzeiten (den Nordost- und den Südwestmonsun) und die zwei Trockenzeiten eingeteilt. Demnach gab es auch für die Ost- und Westküste ganz bestimmte Saisonzeiten, die wir in den Ferien ausnutzten. Im August/September war in Kandy Monsun und darum kalt, nass und ungemütlich. Dafür hatte zu dieser Zeit die Ostküste Hochsaison, so dass wir in den Augustferien meist dorthin gefahren sind. Nach unserem ersten Urlaub in Kalkudah waren wir in den Jahren danach meistens in Nilaweli, einem kleinen Ort nördlich von Trincomallee. Das kleine Ferienhäuschen hieß Isola Bella und hatte eine große, überdachte Veranda, die wir auch zum Übernachten benutzten, da es in den Schlafräumen ziemlich heiß und stickig war. Entweder schliefen wir auf Matten direkt auf dem Boden oder in Hängematten, die an den Pfeilern der Veranda festgemacht wurden. Zwar war es nachts sehr dunkel, da es kaum Streulicht gab, dafür aber umso lauter: Die zirpenden Grillen und anderen Kleintiere machten einen so großen Lärm, dass gerade auch meine Mutter oft Schwierigkeiten hatte einzuschlafen. Ich hatte da eher Angst, dass so ein Viech in meine Hängematte springen könnte, was zum Glück aber nie geschah.

Meistens sind fast alle aus unserem Haushalt mitgekommen, und wir hatten viel Spaß miteinander. Das Baden und Schwimmen im Meer war immer wieder schön. Es dauerte allerdings lange, bis unsere Köchin Agnes sich in ihrem Lungi einmal so halbwegs ins Wasser traute. Danach fand sie es aber sehr schön, doch Schwimmen kann sie bis heute nicht. Das zu lernen weigerte sie sich strikt. Ich dagegen habe damals meinen Fahrtenschwimmer im Meer gemacht. Ein Schwimmlehrer aus Deutschland war zufällig gerade zu Besuch und nahm die Prüfung ab. Erst sind wir (mein Vater, der Schwimmlehrer, ein paar meiner Geschwister und ich) eine halbe Stunde zu einem Felsenriff, das mitten im Meer lag, hinausgeschwommen. Das war sehr anstrengend und unangenehm, da der Wind uns das Meerwasser immer ins Gesicht und in den Mund blies. Zurück, mit dem Wind im Rücken, war es wesentlich angenehmer und schneller. Auf dem Riff musste ich noch einen Kopfsprung vom Rücken meines Vaters aus ins Wasser machen, da kein 1 Meterbrett vorhanden war. Dann hatte ich mein Abzeichen.

Zwei Dinge gefielen uns allerdings an der Ostküste überhaupt nicht: Zum einen gab es im Wasser Quallen, die arg pieksen konnten. Zum anderen schreckten uns sogenannte *jumping frogs* im Haus. Das waren ganz normal aussehende, relativ kleine Frösche, die sich liebend gern und besonders nachts im Badezimmer in den Ecken oben oder am Boden aufhielten. Als ich zum ersten Mal einen dort hocken sah, dachte ich, es wäre ein normaler Frosch und wollte ihn mit dem Fuß leicht anstupsen, damit er aus dem Bad heraushüpfte. Doch plötzlich sprang er im hohen Bogen mindestens drei Meter weit auf die Veranda. Ich war so erschrocken, dass ich laut schrie. Johann erklärte uns dann, dass das springende Frösche seien. Agnes ergänzte, wir sollten uns von ihnen ja nicht anspringen lassen, da sie auf der Haut eine ätzende Flüssigkeit hinterließen. Das hat uns natürlich nicht gerade beruhigt und seitdem versuchten wir, nachts so selten wie möglich zur Toilette zu gehen. Es war nämlich äußerst gruselig, wenn sie einen aus ihren hellgelben Augen anstarrten. Mit der Taschenlampe suchten wir sie natürlich, um gegen mögliche *Angriffe* gewappnet zu sein. Allerdings ist nie etwas passiert, da diese Tiere wohl genauso viel Angst vor uns hatten, wie wir vor ihnen.

Außerhalb von Nilaweli gab es eine Lagune, umrahmt von riesigen Felsen. Um diese zu erreichen, musste man mit einer Fähre fahren. Das machten wir des Öfteren und besuchten dann Mr. Bawat, der als Einsiedler in den Felsenhöhlen lebte. Mehr weiß ich allerdings nicht über ihn.

Die Saison an der Westküste war im Dezember, so dass wir in diesen Schulferien meistens nach Colombo ans Meer fuhren. Zu dieser Jahreszeit peitschten die Wellen des Meeres nicht so hoch und gefährlich an Land, wie z.B. im August. Trotzdem reichte ihre Höhe, dass es richtig Spaß machte, genau dort zu stehen, wo sie sich brachen. Wir achteten darauf, nicht zu weit weg zu stehen, um nicht vom darauffolgenden Strudel mitgerissen zu werden. Der konnte nämlich so stark sein, dass er manchem schon die Badehose vom Leib gespült hatte. Einmal bin ich in so einen heftigen Strudel geraten und hatte das Gefühl, minutenlang unter Wasser herumgewirbelt zu werden. Gefährlich war es auch, von der Unterströmung mitgerissen zu werden. Das ist meiner Mutter passiert, als sie fröhlich ziemlich weit aufs offene Meer heraus schwamm und sich schon wunderte, wie schnell das ging. Doch als sie zurückwollte, kam sie nicht vorwärts, sondern wurde immer weiter herausgetrieben. Zum Glück konnte sie meinen Vater um Hilfe rufen, der zu ihr kam und mit ihr zusammen ganz langsam, Zentimeter für Zentimeter wieder zurückschwamm. Alleine hätte sie Panik bekommen und es wahrscheinlich nicht geschafft. Seitdem waren wir alle sehr vorsichtig.

Die ersten paar Male in Colombo wohnten wir im Cabana Hotel mit den Hütten, die auf Stelzen gebaut waren und ziemlich nah am Strand lagen. Das Gute daran war, dass man nicht im Hotelrestaurant essen musste, sondern sich auch selbst verpflegen durfte. Da wir meistens mit mindestens zehn Leuten dort waren, haben wir davon gern Gebrauch gemacht. Ich erinnere mich gut an den langen Holztisch auf der Veranda einer dieser Hütten, an dem wir alle gemütlich zum Frühstück saßen. Und hinterher sind wir gleich ins Meer gesprungen.

Mit der Zeit musste mein Vater aber dienstlich immer öfter nach Colombo fahren. So mieteten meine Eltern in Mt. Lavinia, einem Vorort Colombos, eine Wohnung im oberen Stockwerk eines Hauses, so dass mein Vater dort auch auf seinen Dienstreisen übernachten konnte.

Das Haus lag nahe am Strand, getrennt davon nur durch die Bahnlinie, die an der gesamten Küste entlanglief. Das war nachts zwar ganz schön laut, aber mit der Zeit gewöhnte man sich daran. Dafür war der Strand wunderschön, so dass wir sehr gerne dort die Ferien verbrachten. Manchmal führte mein Vater uns in eines der neugebauten Nobelhotels zum Essen aus, das damals nach deutschen Verhältnissen noch sehr preisgünstig und somit bezahlbar war. Zu diesem Anlass zogen wir uns immer ganz schick an und kamen uns selbst schon richtig nobel vor. Besonders das Mittagsbuffet im Hotel Interkontinental war bei uns Kindern sehr beliebt, schon allein wegen der leckeren Puddings.

Colombo ist klimatisch um einiges wärmer und schwüler als Kandy. Einmal besuchten uns Deutsche, die in Colombo wohnten, in Kandy und stöhnten, wie heiß es hier doch sei. Wir sahen uns ungläubig an – bis uns einfiel, dass diese Leute ja nur Klimaanlagen gewohnt waren, die wir zum Glück in Kandy nicht brauchten. Vom klimatisierten Haus ins klimatisierte Auto in den klimatisierten Laden oder in die – selbstverständlich – klimatisierte Arbeit und wieder zurück. Da hat man tatsächlich vom schwülen, erdrückenden Colombo-Wetter nicht viel mitbekommen. Von daher waren wir sehr froh, in Kandy und nicht in Colombo zu wohnen. Die Einwohner Colombos, denen eine Klimaanlage viel zu teuer war, statteten sich meistens mit Ventilatoren aus, die an den Decken der Räume hingen und für etwas kühlen Wind sorgten.

In den dritten, großen, einmonatigen Ferien über Ostern war es in Kandy immer so heiß, dass wir meist ins Hochland flüchteten. Anfangs waren wir viel bei Familie Jayamaha in Welimada, später dann mehr in Nuwara Eliya, der größten Stadt im Hochland. Sie liegt ungefähr 70 Meilen südöstlich von Kandy. Aber es ist eine elende Serpentinen-Gurkerei bis dorthin. Diese Fahrten habe ich immer gehasst – und bei meinen späteren Besuchen in Sri Lanka auch tunlichst gemieden. Dabei ist es landschaftlich wunderschön. Lauter Berge, Hügel und Täler, alles grün von den kilometerlangen Teeplantagen. Ab und zu wird diese grüne Landschaft durch eine Teefabrik unterbrochen, ein riesiges, flaches Gebäude mit Metalldach. Einmal haben wir auch eine Führung durch eine Teefabrik mitgemacht. Es war schon faszinierend zu sehen, wie aus grünen Blättern durch Fermentierung und Röstarbeit in vielen einzelnen Schritten der schwarze Tee in den verschiedensten Qualitätsgrößen wurde. Am Schluss blieb nur noch Staub übrig, der dann ganz billig verkauft wurde.

Teefabrik in der Plantage

Nuwara Eliya selbst war keine schöne Stadt und mit der Kälte samt häufigem Nebel oft richtig ungemütlich. Nachts gab es manchmal sogar Frost. An das Haus mitten in der Stadt, in dem wir meistens wohnten, kann ich mich kaum erinnern. Das einzig Gute in Nuwara Eliya war, dass zu der Zeit immer die Ponyrennen auf einer richtigen Rennbahn mit profimäßigem Renngeschehen samt ausgebildeten, vollzeitlichen Jockeys, Rennställen und Wetteinsätzen stattfanden. Auch zwei unserer Ponys, Flicka und Anja, waren mit dabei und wurden von Jockeys richtig trainiert und auf die Rennen vorbereitet. Wir durften sie in dieser Zeit gar nicht reiten, da das viel zu gefährlich gewesen wäre. Manchmal haben sie sogar einen Preis gewonnen. Außer Ponyrennen gab es noch Rennen für *Farmbreds* (Halbpferde, eine Züchtung aus Pferden und Ponys), aber keine reinen Pferderennen. Jedenfalls liebten wir es, bei den Rennen zuzuschauen, besonders natürlich, wenn unsere Ponys mit dabei waren.

Einige Zeit nach den Rennen in Nuwara Eliya waren die Ponys zum Glück wieder normal, so dass wir zurück in Lewella erneut auf ihnen reiten konnten. Einmal sind Mechthild und Liebgard mit ihren Ponys Flicka und Anja sogar quer durch Kandy geritten – bis in die Trincomallee Street, um dort Renate zu besuchen. Renate traute ihren Augen nicht und kam sich vor wie im Wilden Westen, als sie sah, wie die beiden ihre Ponys fachmännisch an der Turnstange des Kindergartenspielplatzes festmachten, um dann ins Haus hereinzukommen. Nach einer fürstlichen Bewirtung ritten sie wiederum den ganzen, langen Weg zurück nach Hause. Schade, dass ich das gar nicht mitbekommen habe, sonst wäre ich auf Fury bestimmt hinterhergeritten.

Renate machte mit ihrer Wohntruppe auch viele Ausflüge. Manchmal durften ein paar von uns Kindern mit. Das war immer ein besonderes Erlebnis, denn Renate liebte das Abenteuer genauso wie ich. Sie bepackte ihren alten, grauen VW-Käfer dann so voll mit Menschen, dass kein bisschen Platz im Auto mehr übrig war. Es sollten eben möglichst viele mitkommen können. Einmal – allerdings nur für eine kurze Strecke – waren wir mit sechs Erwachsenen und sechs Kindern darin. Ich hockte mit noch einem anderen Kind in der Gepäckablage, die bei einem Käfer ja direkt hinter dem Rücksitz den Kofferraum bildete und tief herunterging. Das war zwar äußerst unbequem, aber den Spaß war es wert!

Besonders gut erinnere ich mich an die Reise, die Renate mit meinen beiden älteren Schwestern, Dilly, Priyani und mir in den Norden zur Halbinsel Jaffna gemacht hat. Wir waren alle zum ersten Mal in dieser Stadt, die fast nur von Tamilen bewohnt wird. Es war eine wunderschöne Gegend mit sauberen und sehr schönen Wohngebieten, doch die Orte waren wie ausgestorben. Man sah kaum einen Menschen auf der Straße, alle waren bei der Arbeit. Der Gegensatz zum Rest des Landes ist uns sofort aufgefallen. Dort waren die Straßen immer voll gepflastert mit vielen kleinen Läden und Ständen und überall liefen oder standen Menschen herum, die viel Zeit zu haben schienen.

Renate wollte in Jaffna ein Ehepaar besuchen, das genauso wie sie mit der Gesellschaft Dienst in Übersee in Sri Lanka tätig war. Da sie kein Telefon hatten, ist Renate einfach auf gut Glück hingefahren. Leider mussten wir feststellen, dass sie schon außer Landes gezogen waren. In dem Haus wohnten mittlerweile wildfremde Menschen, die uns aber trotzdem freundlich aufnahmen, und uns sechs sogar bei sich übernachten ließen. Darüber waren wir sehr froh, denn der Boden im Wohnzimmer war als Schlafstatt immer noch bequemer, als es im Auto gewesen wäre.

Am nächsten Morgen fuhren wir mit dem Auto weiter zur Westküste Jaffnas, um mit einer Fähre auf eine Insel, Delft Island, überzusetzen, auf der noch einige Herden Wildpferde lebten.

Selbst auf dieser kleinen Insel lebten ein paar Menschen in einem winzigen Dorf.

Um zu den Wildpferden hinzukommen, mussten wir zum Glück nicht laufen, sondern konnten auf einem Ochsenkarren mitfahren. Das war ein schönes Erlebnis. Da es sehr langsam vorwärts ging, hatten wir genug Zeit, uns die weite, schöne Landschaft anzusehen. Sehr angenehm war das Dach des Ochsenkarrens aus geflochtenen Palmenblättern, das die sengend heiße Sonne von uns abhielt. So konnten wir ohne Angst vor einem Sonnenstich, entspannt und fröhlich die Wildpferde beobachten. Als wir ein paar Stunden später wieder zurück am Anlegehafen der Fähre waren, stellten wir fest, dass die letzte Fähre, die an diesem Tag noch zum Festland fuhr, schon in wenigen Minuten abfahren würde. Das war Renate aber viel zu früh und so beschloss sie kurzerhand, mit uns über Nacht dort zu bleiben. Sie meinte, wir könnten ja einfach am Strand auf dem Sand schlafen. Typisch Renate. Ich war von dieser Idee begeistert, aber ich glaube, Dilly und Priyani waren es weniger. Als die Fähre abgelegt hatte, und ein Mann aus dem Dorf erfuhr, dass wir am Strand übernachten wollten, war er hellauf entsetzt. Drei Frauen und drei Mädchen eine ganze Nacht lang alleine am Strand – das sei doch viel zu gefährlich. So nahm er uns spontan mit zu sich nach Hause und bot uns erst einmal eine Tasse Tee an. So einen Tee aber hatten wir noch nie getrunken: Er war nicht nur ganz stark, mit viel Zucker und ohne Milch, sondern schmeckte auch sehr salzig. Das dazu benutzte frische Brunnenwasser muss tief unter der Erde vom Meerwasser versalzen worden sein. Wir tranken ihn trotzdem. Als wir uns im kleinen Häuschen umsahen, war uns etwas Unwohl zumute, denn das ganze Haus besaß neben der kleinen Küche nur einen Wohnraum, der gleichzeitig auch als Schlafzimmer diente. Doch der Mann verfrachtete kurzentschlossen sich und seine Familie in die Küche und überließ uns die Wohnstube mitsamt dem Ehebett. So haben wir es uns auf dem Bett und auf dem Boden bequem gemacht und bestimmt besser geschlafen, als es am Strand der Fall gewesen wäre. Aber über die Gastfreundschaft dieser Familie staunten wir und waren sehr dankbar dafür.

Ich bin froh, dass ich diese Reise nach Jaffna mitmachen durfte, denn ein paar Jahre später schon war durch die Unruhen zwischen Singhalesen und Tamilen Jaffna und fast der gesamte, nördliche Teil des Landes über Jahrzehnte weitgehend gesperrt und als Reiseziel sowieso viel zu gefährlich.

Noch ein unvergessliches Abenteuer habe ich mit Renate erlebt, als sie mit ihren Eltern und ihrem jüngeren Bruder eine Rundreise durchs Land machte. Ich war begeistert, dass ich mitfahren durfte, zumal ich früher sehr gern bei Renates Eltern zu Besuch war und sie gut kannte. Es war in der Regenzeit und wir waren mit Renates altem, klapperigem VW-Käfer unterwegs. Dieses Mal war die Fahrt so abenteuerlich, dass mir Renates Eltern manchmal richtig leidgetan haben. Aber trotz ihres Alters überstanden sie alles bravourös und mit bester Laune. Nachdem wir in Welimada Familie Jayamaha besucht und dort übernachtet hatten, ist Renate Richtung Norden gefahren, um auf einem anderen Weg als über die Serpentinenstraße, wieder nach Kandy zu kommen. Allerdings war dieser Weg viel länger, so dass es schon Abend wurde, obwohl noch etliche Kilometer bis nach Kandy vor uns lagen. Schlimmer aber als die Dunkelheit war der unaufhörlich strömende Monsunregen. Die Scheibenwischer kamen oft gar nicht nach, so heftig schüttete es. Für Renate war es besonders schwer, in der pechschwarzen Nacht die Straße zu sehen, da es natürlich keine Straßenbeleuchtung gab. Als wir über eine kleine Brücke über einen reißenden Bach fuhren, hörte Renate ein komisches Geräusch. Sie blieb stehen, um mit ihrem Bruder nachzusehen, ob mit dem

Auto etwas passiert war. Ich bin natürlich auch gleich mit aus dem Auto herausgesprungen. Da sahen wir, dass gerade, als wir über die Brücke gefahren waren, sie komplett vom Strom mitgerissen worden war. Gut, dass das nicht ein paar Sekunden eher passiert ist! Renate hat ihren Eltern lieber nichts davon gesagt, um sie nicht zu beunruhigen. Sie hoffte, jetzt so schnell wie möglich sicher wieder nach Hause zu kommen.

Doch dann – gerade einmal 20 Kilometer von Kandy entfernt – endete unsere Reise für diesen Tag abrupt vor einem Erdrutsch, der die ganze Straße verschüttet hatte. Wir versuchten, da es schon mitten in der Nacht war, zumindest für Renates Eltern in einer nahegelegenen Hütte ein Nachtquartier zu bekommen. Der herausgeklopfte Eigentümer kam verschlafen an die Tür und machte das Licht an. Als er erfuhr, was passiert war, öffnete er den Kühlschrank, um uns etwas zu trinken anzubieten. Da flog die Sicherung heraus und alles lag im Dunkeln. Aber die Sicherung wieder hereinzuschrauben, reichte nicht mehr aus, denn jetzt war durch den massiven Regen insgesamt der Strom weg. Das kam in Sri Lanka ständig vor, manchmal stundenlang. Aber irgendwie überstanden wir die Nacht im Auto gut, und wir waren froh, dass wenigstens Renates Eltern in der Hütte einen einfachen Schlafplatz auf einer Matte bekommen hatten. Am nächsten Morgen war die Straße zum Glück schon um 9.30 Uhr wieder frei, so dass wir endlich nach Hause fahren konnten. In dem Moment war alles zwar überhaupt nicht angenehm, aber ich habe diese Reise trotzdem sehr genossen und möchte sie nicht missen. Sie zeigt allerdings auch, wie heftig so ein Tropenregen sein kann und wie er, wenn er manchmal tagelang nicht aufhört, alles aufweichen und die Felder kaputt machen kann. Erosion ist wegen dieser starken Regengüsse deshalb in Sri Lanka ein ganz großes Problem. Jetzt verstand ich noch besser, warum das auch im Schulunterricht thematisiert wurde.

12. Alles Käse?

Vom Schweinefeld zum glücklichen Blumengarten

Im Januar 1975 wurde endlich nach langem Hin und Her und viel minutiöser Planung das Projekt in Augustawatte offiziell eröffnet. Mein Vater war im Jahr zuvor von seiner westfälischen Landeskirche noch einmal für drei Jahre beurlaubt worden und auch die VEM (Vereinigte Evangelische Mission) war einverstanden. So konnte er die angefangene Arbeit weiterführen. Eigentlich wollte sogar die Premierministerin Sri Lankas, Mrs. Sirimawo Bandaranayaka, selbst die Eröffnung vornehmen. Sie musste aber leider wegen des Staatsbesuches des ugandischen Präsidenten Idi Amin absagen. So eröffnete die deutsche Botschafterin Frau Dr. Feilner das Projekt, und der Regierungspräsident überreichte offiziell das Land zur Bebauung an die KCM. Anwesend waren auch zwei buddhistische Mönche in ihren gelben Roben. Ein Vertreter des Slumgebietes bedankte sich im Namen aller, die vom Staat zur Umsiedlung ausgesucht worden waren, für die Hilfe, die sie bekommen sollten.

Jemand taufte das Slumgebiet um – von *Urawela* (Schweinefeld) in *Sirimal Uyana* (glücklicher Blumengarten). Das war ein vielversprechender Beginn. So wurden auch gleich bei dieser Eröffnung auf dem Gelände des ersten Siedlers – zum symbolischen Beginn des neuen Dorfes – zwei Bäume und drei Orchideen gepflanzt. Ziel des Projektes war es ja auch, bei den neuen Siedlern, die unter so viel Hoffnungslosigkeit und Gewalt gelebt hatten, ein ganz neues, nachbarschaftliches Verhältnis in einer guten Dorfgemeinschaft zu fördern. Sie sollten erfahren, wie vorteilhaft es ist, wenn man einen Blick für den Nachbarn bekommt, ihm hilft und sich auch für die Gemeinschaft einsetzt. Dazu gab hier viel Gelegenheit, da alles in dem Dorf neu angelegt werden musste. Nach der Eröffnung wurden schon im Februar die Wege für 2 km Straße planiert und mit der Ausschachtung der ersten Häuser begonnen. 60 davon sollten gleich im darauffolgenden Jahr fertig werden. Die Projektleitung wurde von Herrn Aldons übernommen, der dafür seine gute Stellung als Superintendent über drei Teeplantagen aufgegeben hatte. Überhaupt war es immer wieder ein Geschenk und eines der wichtigsten Dinge, gute, sri-lankische Leiter und Mitarbeiter zu finden, um letztendlich zur Selbständigkeit zu kommen.

Feierliche Eröffnung des Projektes in Augustawatte

Mit der Erschließung eines Teiles der alten Teeplantage für die neue Siedlung war aber nicht alles so glatt und problemlos gelaufen, wie es jetzt klingt. Die Evangelische Zentralstelle für Entwicklungshilfe (EZE) erklärte sich bereit, für die Erschließung des Geländes aufzukommen (Straßenbau, Strom- und Wasserversorgung) und war auch dafür, dass die Siedler Orchideen bekamen. Sie hatte allerdings die Anfrage, ob nicht statt neuer Häuser die alten einfach renoviert werden könnte. Nur: Die Orchideen, alleine oben auf dem Hügel ohne Aufsicht, wären schon am nächsten Tag nicht mehr vorhanden gewesen, sondern allesamt geklaut worden. Außerdem ging es ja gerade darum, die Menschen aus dem Slumgebiet herauszuholen und durch gute und stabile Behausungen ein Verantwortungsgefühl zu vermitteln, ihr Eigentum nicht wieder verkommen zu lassen.

Die Straßenführung sollte zunächst über das Gelände eines unterhalb der Teeplantage liegenden buddhistischen Tempels verlaufen, wogegen sich die Mönche verständlicherweise wehrten, zumal damit auch die städtische Strom- und Wasserversorgung der Mönche mit verwendet worden wäre. Im Nachhinein war es gut so, denn diese hätte niemals für das ganze Gebiet gereicht. Obwohl Sri Lanka mit reichlich Wasser gesegnet ist und die Menschen auch dementsprechend sehr verschwenderisch damit umgingen, war es doch wichtig, eine ausreichende Menge und vor allen Dingen eine kontinuierliche Versorgung an Wasser zu haben. Denn hin und wieder kam es doch vor, dass ein Monsunregen ausblieb und eine regelrechte Dürreperiode nach sich zog. So wurden im Projekt verschiedene Brunnen gegraben. Außerdem gab es noch Wasser und Strom von der Dorfverwaltung, wobei die Stromversorgung so unregelmäßig und schwach war, dass ein zusätzlicher Dieselmotor für die Maschinen angeschafft werden musste. Erst zehn Jahre später wurde das Gebiet selbst an die städtische Strom- und Wasserversorgung angeschlossen. Eine neue Busverbindung von der Hauptstraße hinauf nach Augustawatte und die darüber liegenden Häuser ist allerdings schon bald eingerichtet worden, so dass die dort schon lebenden Menschen jetzt nicht mehr 30 bis 40 Minuten zur Hauptstraße laufen mussten.

Jetzt, da das Land auf so große Weise erschlossen war, konnte der Staat das weitere Gebiet um das Projekt herum besiedeln. Ziel war es, dem ganzen Gebiet auch sozial einen guten Status zu geben und somit die Bildung eines neuen Slumgebietes zu verhindern. Der Pfarrer, Saman Perera, der zurzeit (2010) in der *Scot's Kirk* tätig ist, wuchs als Kind in diesem Gebiet auf. So hat er natürlich auch jetzt ein ganz besonderes Verhältnis zu den ansässigen Siedlern, von denen ja einige zu seiner Gemeinde gehören.

Die Pacht für das Land, das die KCM vom Staat für die Siedler gemietet hatte, galt zunächst für 30 Jahre. Um das Gebiet auch hier sozial anzuheben und verschiedene Familien aus Kandy hinzuzuholen, die nicht den Slumgebietsstatus an sich haften hatten, durfte die KCM für 20 Häuser Menschen aus Kandy vorschlagen. Wer von diesen aber genommen wurde, entschied der Staat. So bekamen auch Pushpa und Saralla, die mittlerweile verheiratet waren, und einige andere die Gelegenheit, hier einen Neubeginn mit einem eigenen Haus zu starten.

Käseproduktion im Hochland

Alles Käse? Nein, natürlich nicht! Aber nun kam noch ein Käseprojekt im Hochland des Landes zur Arbeit der KCM hinzu. Eine Arztfamilie besaß eine kleine Farm in Lindula, in der Nähe von Nuwara Eliya. Da sie ins Ausland auswandern wollte, kaufte die KCM die Farm, die ca. 2 Hektar groß war, mitsamt den acht Kühen.

Meine Mutter hatte dann die Idee, aus der vielen Milch doch Käse zu produzieren. Das war vielversprechend, denn damals gab es noch keinen im Land produzierten Schnittkäse zu kaufen. Die großen Hotels in Colombo mussten bis dahin den Käse für die

Touristen mühsam und teuer importieren. Außerdem konnte die KCM dadurch den armen Bauern und den noch ärmeren Teepflückerinnen der Gegend einen guten und stabilen Absatz ihrer Kuhmilch ermöglichen. Viele waren auf die wenige Milch einer einzigen Kuh angewiesen und bestritten von dem Verkauf der Milch einen großen Teil ihrer Lebenshaltungskosten.

So fingen die Versuche an. Renate Kreft reiste nach Deutschland, um in einer deutschen Molkerei in Oldenburg erst einmal zu lernen, wie man Käse herstellt. Dankenswerterweise half die Molkerei sogar mit etlichen Geräten aus. Renate hatte die Mitarbeiter in der Molkerei gefragt, ob sie nicht jemanden kannten, der sich mit der Käseherstellung auskannte und bereit wäre, in Sri Lanka einen längeren Urlaub zu machen, um bei der Käseproduktion zu helfen. Sie gaben ihr die Adresse von Dr. Godbersen, einem Käsespezialisten, der tatsächlich bereit war, in seinem Urlaub nach Sri Lanka zu kommen und die Käsefarm mit aufzubauen. Die Organisation Brot für die Welt, die schon für den Ausbau der Käserei die finanzielle Unterstützung geleistet hatte, zahlte seinen Flug. So kam Dr. Godbersen für vier Wochen nach Sri Lanka und brachte zusammen mit Renate die Käseproduktion zum Laufen. Wichtig war es erst einmal herauszufinden, wie man gerade in tropischen Ländern am besten Käse herstellen konnte. Das musste zudem in Absprache mit den Chefköchen der großen 5-Sterne-Hotels in Colombo geschehen, damit der Käse an diese Hotels verkäuflich und somit der Absatz gesichert war.

Nach und nach wurde die Arbeit von Erfolg gekrönt. Der Käse schmeckte gut und füllte eine echte Marktlücke. In der nächsten Zeit gab Renate immer wieder Besuchern eine Käseprobe nach Deutschland mit auf den Weg, mit der Bitte, diese in die Käserei nach Oldenburg zu schicken, damit der Käse dort fachmännisch analysiert werden konnte. Das Ergebnis war durchweg positiv, was alle Beteiligten ermutigte, so weiterzumachen. Einmal fand eine Zusammenkunft von 25-30 deutschen Reiseleitern aller möglichen Reisegesellschaften im Hotel Interkontinental in Colombo statt. Der Präsident der KCM, Mr. Dinsdale de Silva, mein Vater und Renate waren gebeten worden, dabei zu sein und sich hinten im Raum des Treffens aufzuhalten. Nun bekamen die Reiseleiter ein Käsegericht des Chefkochs vorgesetzt mit der Bitte, zu sagen, ob so ein Gericht deutschen Gästen schmecken würde. Als die Reiseleiter das begeistert bejahten wurden die Produzenten des Käses vorgestellt. Daraufhin bestellte das Hotel gleich die nächste Lieferung.

Außer in den Hotels wurde der Käse auch in Kandy in der Cafeteria der KCM und in einigen anderen Läden verkauft. Von unserem Abendbrottisch war er ebenfalls nicht mehr wegzudenken. Sogar viele Sri-Lanker, die eigentlich meistens abends *Rice and Curry* und kein Brot aßen, waren begeistert und kauften ihn.

Einmal durfte ich zusammen mit Renate auf die Farm fahren und bei der Produktion zuschauen. Für normale Fabrikverhältnisse war diese Stätte zwar primitiv, dafür aber sehr effektiv und für mich äußerst interessant. Im Kühlhaus lagen die vielen großen, rechteckigen Käsebrocken zum Reifen. Ich durfte den Käse in den verschiedenen Reifestufen probieren und konnte so den großen Unterschied zwischen frischem und gereiftem Käse schmecken. Ich hätte nie gedacht, dass die Lagerung so viel ausmacht.

Mit der Zeit wurde die Nachfrage nach dem Käse immer größer, so dass die Produktion erweitert werden musste. Mut machend war, dass sich diese Farm mit der Käserei nicht nur selber tragen, sondern auch noch andere Zweige der Arbeit der Kandy City Mission mitfinanzieren konnte. Da waren nicht nur Orchideen und Gehälter zu zahlen, sondern auch alle Gebäude instand zu halten. Die vielen Spenden sollten lieber für die soziale Arbeit und für neue Projekte verwendet werden.

Später hat Renate von einer Käserei aus dem Allgäu noch 50 ausrangierte Käseformen geschenkt bekommen und sie einer deutschen Reisegruppe mitgegeben. Bis dahin waren alle möglichen Back- und andere Formen benutzt worden. Das ging auch, aber schöner und bequemer war es natürlich, jetzt richtige, gleichmäßige Käseformen zu haben.

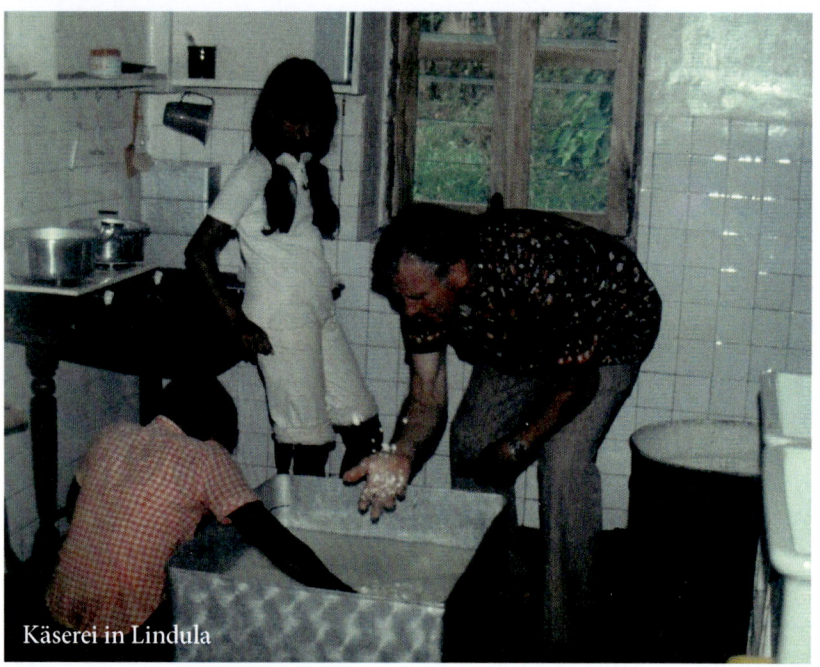

Käserei in Lindula

Deutsche Jugendfreizeit

Nach wie vor kamen viele Gäste aus Deutschland und unser Haus war immer gut gefüllt. Aber einmal hatten meine Schwestern und ich auch so richtig etwas davon: In den Sommerferien 1975 organisierte mein Vater eine Jugendfreizeit in Sri Lanka, zu der 18

Jugendliche aus Deutschland kamen, darunter auch die Patenkinder meiner Eltern. Es war für uns sehr schön, deutsche Jugendliche kennenzulernen. Zum Glück hatten wir ebenfalls gerade Ferien, so dass wir die Rundreisen durch das Land mitmachen konnten.

Dazwischen halfen die Jugendlichen eifrig in der Orchideengärtnerei mit – sehr zum Erstaunen der Arbeiter. In Sri Lanka war es nämlich nicht üblich, dass Kinder reicher Leute im Garten mithalfen. Dafür hatte man schließlich *servants* (Angestellte). Jetzt sahen sie, wie fröhlich diese Jugendlichen mit anpackten, was ihren eigenen Arbeitseifer erheblich erhöhte.

Eine Begebenheit werde ich immer mit dieser Freizeit in Verbindung bringen: Als wir im Yale-Wildpark waren, machten wir an einer Wasserstelle eine Pause und aßen unsere mitgebrachten Brote. Wie immer, lungerten mehrere Affen um uns herum, in der Hoffnung, auch etwas abzubekommen. Einer der Jugendlichen wollte einem Affen ein Stück von seinem Brot geben, hat es sich dann aber doch anders überlegt und das Brot selber gegessen. Daraufhin hat sich der Affe ganz dreist ein Stück Fleisch geholt – er hat es einfach aus der Wade herausgebissen. Es war furchtbar! Mein Vater ist mit dem Jungen sofort ins nächste Dorf gefahren, in dem es eine kleine Erste-Hilfe-Klinik gab. Ich durfte mit und habe die Zustände dort noch schaudernd in Erinnerung. Narkose gab es nicht, einen Arzt auch nicht. Ein Krankenpfleger nähte mit einer dicken, runden, wahrscheinlich nur notdürftig sterilisierten Nadel und einem dicken Nylongarn die klaffende Wunde kurzerhand mit ungefähr fünf Stichen zu. Es muss die Hölle gewesen sein, und ich höre heute noch seine Schreie! Mein Vater erkundigte sich telefonisch bei Dr. Kulawardena, welches homöopathische Mittel einzunehmen sei, damit die Wunde gut abheilen konnte. Das hat so gut geholfen, dass wir die Reise im Süden des Landes beenden konnten, ohne dass sich die Wunde entzündete. Als Dr. Kulawardena dann später alles inspizierte, musste er nichts weiter tun, denn die Wunde heilte gut ab. Der Junge konnte sogar problemlos im Meer baden. Seit dieser Episode war ich aber mit Affen noch vorsichtiger als bisher und habe darauf geachtet, nie mit Essen in ihre Nähe zu kommen. So etwas wollte ich auf keinen Fall am eigenen Leibe erfahren. Aber an die Freizeit denke ich immer gerne zurück.

Reisegruppe der Jugendfreizeit mit Projektmitarbeitern

1975 bekam der Kindergarten eine zusätzliche Leiterin, Alice Liard, eine ausgebildete Erzieherin. Zusammen mit ihrem Mann Brian, der später lange Jahre Schatzmeister der KCM war, und ihren beiden Töchtern wohnte sie in Kandy und gehörte der anglikanischen Kirche an. Alice ist ein absolutes Original. Zuerst war sie etwas schüchtern, aber nach und nach kamen ihr Witz, ihr Charme und ihr ausgeprägter Humor zum Vorschein. Bis heute ist sie mir eine liebe Freundin und für einen Spaß immer zu haben. Einmal, als noch eine weitere Erzieherin benötigt wurde, hat sie sich verkleidet und ist zur KCM zum Bewerbungsgespräch gegangen. Obwohl alle sie kannten, hat keiner gemerkt, dass sie es war und sie sollte eingestellt werden. Das war ein Halodri, als sie sich zu erkennen gab. Zum Glück haben es alle humorvoll aufgenommen und herzlich gelacht. Alice setzte sich zusätzlich zu ihrer Kindergartenarbeit auch sehr für die Arbeit in den Slums ein und machte engagiert bei den Jungscharstunden mit. Überhaupt war das ganze Kindergartenteam eine lustige Truppe, die ich gern besucht habe, denn es gab jede Menge Witze und Anekdoten, so dass wir viel gelacht haben.

Alice und Brian Liard mit ihren Töchtern

Leider ist Renate Kreft Ende 1976 wieder nach Deutschland zurückgegangen. Es war ein großer und auch sehr trauriger Abschied, vor allen Dingen auch für Pushpa und die anderen, die mit ihr in dem Pfarrhaus gewohnt hatten. Mit ihrer Fröhlichkeit und Kreativität, mit ihrem Humor, ihrem gesunden Menschenverstand und vor allem ihrer Liebe zu den Menschen war sie ein großer Segen und wurde schmerzlich vermisst. Natürlich hielt sie weiterhin Kontakt zu vielen Menschen und behielt auch regen Anteil an der Arbeit. Von Deutschland aus ermöglichte und organisierte sie etliche Hilfsaktionen wie z.b. verschiedenste Patenschaften zwischen deutschen Freunden und sri-lankischen Familien. Viele Kinder konnten so eine gute Schulbildung bekommen oder auch extra Englischunterricht. Es wurden zudem ganze Familien unterstützt, z.b. junge Witwen, die ihre Familien allein ernähren mussten. Bis heute geht diese Hilfe vielfach weiter.

1977 wurde beschlossen, auf dem Kirchengelände einen eigenen Kindergarten mit Mitarbeiterwohnungen zu bauen, damit das Pfarrhaus wieder für einen nachfolgenden Pfarrer frei würde. Das Gebäude war auch etwas größer, so dass noch mehr Kinder aufgenommen werden konnten und die Wartelisten nicht zu lang wurden. Dadurch, dass Alice die Gesamtleitung so gut ausfüllte, war und ist dieser Zweig der KCM-Arbeit eine sehr wichtige Stütze. Nach wie vor waren viele der Erzieherinnen auch immer wieder bereit, sich nachmittags noch ehrenamtlich in Nähkursen, Gesundheitsberatung und auch Bibelstunden zu engagieren. Man konnte das gute Miteinander geradezu spüren.

Auch die Cafeteria war ein sehr wichtiger Ort, an dem sich jeden Tag viele Menschen trafen, um ein leckeres Mittagessen zu genießen oder auch nur eine Tasse Tee zu trinken. *Any time is tea time* (Jederzeit ist Teezeit) ist dort ein geflügeltes Wort, obwohl die meisten an der Tradition festhielten, fünf Mal am Tag nur eine einzige Tasse Tee zu trinken. Wenn der Tee den Leuten zu heiß war (oder die Arbeiter schnell wieder zur Arbeit mussten) wurde er portionsweise auf die Untertasse geschüttet und von der Untertasse genüsslich geschlürft. Das Essen schmeckte so gut, dass viele Geschäftsleute regelmäßig zum Mittagessen kamen. Auch das *Bettlerprogramm*, bei dem warme Mahlzeiten für Bettler zubereitet und ausgeteilt wurden, funktionierte gut. So hatten z.B. Touristen die Möglichkeit, in der Cafeteria Gutscheine für eine warme Mahlzeit zu kaufen und sie einem der vielen bettelnden Kindern und Erwachsenen in der Stadt zu schenken, die sich dann wiederum damit eine warme Mahlzeit in der Cafeteria der KCM abholen konnten.

13. Vom Pfarrer zum Bauern

Reisanbau

An meinen Eltern sind Gärtner verloren gegangen. Während meine Mutter einen grünen Daumen mit allen Arten von blühenden Pflanzen hat, beschäftigte sich mein Vater neben der Orchideenzucht ausgiebig mit biologischem Ackerbau. Schon als Jugendlicher half er in den Nachkriegsjahren zu Hause seinem Vater gerne auf dem Acker und den Obstfeldern.

Das kam ihm jetzt im Projekt, im neu zu besiedelnden Augustawatte, zugute. Hier galt es nicht nur mit Orchideenpflanzen gut umgehen zu können, sondern die neu angesiedelten Dorfbewohner auch in Sachen Gartenanlegung und sinnvoller Gartennutzung zu beraten. Um mit gutem Vorbild voranzugehen, pachteten meine Eltern 1976 im Projekt ein Stück Reis- und Gemüseland. Schon immer hatten meine Eltern ein Faible für gesunde Ernährung, und so war das Erste, was sie anlegten, ein Komposthaufen, um ohne jegliche, künstliche Dünge- und Schädlingsbekämpfungsmittel auszukommen. Es stellte sich heraus, dass gerade für die Tropen, die Benutzung von Kompost sehr vorteilhaft war, denn der Boden wurde dadurch viel lockerer und trotzdem stabiler, so dass er nicht so leicht von dem massiven Tropenregen weggeschwemmt werden konnte. Reisanbau mit Kompost – selbst das ging gut. Auf die Weise bekamen wir sogar eigenen, ungeschälten Reis, der zwar nicht weiß, dafür aber sehr gesund war und sogar lecker schmeckte. Allerdings, so richtig konnten wir die Sri-Lanker damit nicht überzeugen, denn sie zogen nach wie vor zu den *Currys* den weißen Reis und das weiße Brot vor.

Reis ist in Sri Lanka das Hauptnahrungsmittel. Wie bei uns Wiesen, so sieht man in Sri Lanka überall im Land große Landstriche mit Reisfeldern. Da das Land sehr hügelig ist, Reis aber feucht gehalten werden muss, sind die Reisfelder größtenteils terrassenförmig angelegt. Wenn man sieht wie viel Zeit es kostet, ein einziges Reisbeet zu bestellen, dann kann man vor dem Fleiß der Menschen dort nur den Hut ziehen. Zuerst wurde die Saat auf einem kleinen Feld ganz eng ausgesät und kleine Pflanzen gezüchtet. Dann steckten meist die Frauen in stundenlanger Arbeit jedes einzelne Reispflänzchen in die feuchte Erde des Feldes. Besonders in der ersten Zeit waren diese Pflanzen sehr durch Trockenheit oder auch durch zu starken Regen gefährdet, so dass immer wieder nach ihnen geschaut werden musste. Nach der Ernte kamen die Halme mit den Körnern auf eine große Tenne. Ein Büffelgespann lief immer im Kreis auf ihnen herum, bis alle Reiskörner von den Halmen getrennt waren. Als meine Eltern das eigene Reisfeld hatten, und die Büffel auf der Tenne vor der Töpferei in Augustawatte über die Halme liefen, sind meine beiden jüngsten Geschwister mit weiteren kleinen Jungen begeistert hinter ihnen her gerannt und haben mit getrampelt. Ein paar Reiskörner haben sie bestimmt auch erwischt. Zum Glück störten diese quirligen, kreischenden Kinder die Büffel nicht. Die sind in sturer Manier weiterhin ihre Runden gelaufen.

Frieder und seine Freunde beim Dreschen der Reiskörner

Anschließend kamen die Körner in einen großen Holzmörser und wurden mit einem langen Rundholzstab gestampft, bis die Spreu vom Reiskorn getrennt war. Zum Waschen der Reiskörner gab es eine besondere Metallschüssel mit rund verlaufenden Rillen, in der mit einer schaukelnden Bewegung die kleinen Steine herausgewaschen wurden. Beim Essen merkte man sehr schnell, ob der Reis gut gewaschen war. Auf kleinen Steinen herumzukauen, machte wirklich keinen Spaß. Bei uns zu Hause kam der Reis direkt vom Mörser und Waschen in den Kochtopf. Bei den Sri-Lankern wurde er erst noch teuer verschickt, um zu weißem Reis geschält zu werden. Einige der Siedler ließen sich animieren und probierten selber in ihrem Garten den biologischen Anbau von Obst und Gemüse aus.

Reisfelder in Augustawatte

Umzug aufs Land

Damit meine Eltern nicht immer hin und her pendeln mussten, wurde beschlossen, für meine Eltern oder auch eventuelle Nachfolger, ein Haus in Augustawatte zu bauen. Außerdem sollten auch noch einige zentrale Wirtschaftsgebäude und eine Gemeinschaftshalle entstehen, um ein gutes Dorfleben zu ermöglichen. Immer wieder wurde die KCM gefragt, ob sie dort oben nicht zusätzlich eine Kirche bauen wollte. Ein buddhistischer Regierungsbeamter beantwortete diese Frage auf gute Weise: „Die Christen brauchen keine Kirche, sie treffen sich in den Häusern und sprechen da über Gott." Gottesdienst kann man schließlich auch in einer offenen Töpfereihalle oder in einer Gemeinschaftshalle feiern.

Trotz vielem Wohlwollen gegenüber der Arbeit der KCM waren auch kritische Stimmen zu hören. Es wurde konkret der Vorwurf geäußert, dass die Buddhisten und Hindus, die Christen wurden,

141

es nicht aus eigener Entscheidung taten, sondern mit finanzieller Hilfe gelockt und damit sozusagen gezwungen wurden. So, wie es in der Politik oft geschieht: Ist die Regierung christlich, werden alle Christen, ist die Regierung buddhistisch, sollte man lieber Buddhist sein, um an höhere Ämter heranzukommen. Gerade hier ist äußerste Vorsicht und Zurückhaltung geboten und mein Vater achtete sehr darauf, nichts durcheinander zu bringen. Essen und Hilfe bekamen die, die es nötig hatten und nicht, wenn sie Christen wurden. Einmal sagte ein Mann zu meinem Vater: „Jetzt gehe ich schon über ein halbes Jahr in den Taufunterricht und habe immer noch keine Arbeit." Daraufhin erwiderte mein Vater: „Ich mache Ihnen einen Vorschlag: Sie gehen aus der Kirche raus und bekommen von mir Arbeit. Oder aber: Wenn Ihnen der Gottesdienst und die Gemeinschaft hier wirklich persönlich etwas bedeuten, dann bleiben sie, aber spekulieren nicht darauf, von der Kirche Arbeit zu bekommen." Er wollte einfach deutlich machen, dass Vetternwirtschaft nicht in Ordnung ist und man mit dem Glauben keinen Handel treiben kann. Dieser Mann ist in der Gemeinde geblieben und hat irgendwann anderweitig Arbeit bekommen. Von daher war mein Vater auch sehr froh, dass im Häuserprojekt der Staat und nicht die Kirche oder die KCM die Menschen, die da wohnen sollten, aussuchte.

Im April 1977 war das Haus in Augustawatte fertig, so dass wir aufs Land ziehen konnten. Meine älteste Schwester Mechthild war nach ihrem Abitur schon in Deutschland und hat das Haus nur bei ihren Besuchen kennengelernt. Liebgard bekam ebenfalls nicht mehr viel von dem neuen Haus mit, da sie schon einen Monat später, nach ihrem Abitur, zum Studium nach Deutschland ging. Sie erinnert sich viel lebhafter daran, dass sie zu ihrem 16. Geburtstag 120 Bananen verschiedenster Sorten geschenkt bekam und sie genüsslich bei spannender Lektüre verspeisen durfte.

Aber auch ich habe den Umzug nicht persönlich miterlebt, da ich seit Januar 1977 zusammen mit meiner jüngeren Schwester Brigitte in einem Internat in Südindien war. Ein älteres, amerikanisches Ehepaar aus unserer Gemeinde hatte mir von dieser Schule erzählt. Das begeisterte mich so sehr, dass ich unbedingt dahin wollte. Die *Kodaikanal School* war früher eine amerikanische Schule für die Kinder von Diplomaten und Missionaren in Asien, mittlerweile aber eine internationale Schule. Ausschlaggebend für mich war letztlich, dass es dort nach amerikanischer Art jede Menge Sport gab – auch für Mädchen! So kam ich endlich voll auf meine Kosten und bin mit der Schulmannschaft im Hockey und in der Leichtathletik zu verschiedenen Sportturnieren mit anderen Schulen kreuz und quer durch Südindien gefahren. Am Wochenende wurden viele Wanderungen in die Berge unternommen, denn die Schule lag 2000 Meter hoch. Im Unterricht gab es sogar das Fach Deutsch mit einer österreichischen Lehrerin. Außerdem konnten Brigitte und ich in *Penryn* wohnen, einem eigenen Internatswohnhaus, für das eine deutsche Hausmutter zuständig war. Alle deutschen Kinder der Schule konnten darin wohnen. Dieser familiäre Rahmen hat uns sehr gut getan und ich bin dankbar für die schönen Jahre dort. Nach der 12. Klasse habe ich sogar das amerikanische Diplom in der Tasche gehabt, mit dem ich in den USA auf ein College hätte gehen können.

Als Brigitte und ich in den ersten Ferien nach Hause kamen, war es schon komisch, nicht mehr nach Lewella zu kommen, sondern in ein ganz fremdes Haus in Augustawatte. Ich habe mich dort aber sofort wohlgefühlt und hatte sogar ein Zimmer in dem separaten Nebentrakt, in dem außer meinem Zimmer noch das Arbeitszimmer meines Vaters und ein Gästezimmer waren. Angrenzend daran befand sich auch die Garage. Allerdings vermisste ich eine Sache aus meinem Zimmer in Lewella: das Glas mit meiner selbst eingefangenen kleinen Schlange. Wirklich schade, dass es beim Umzug verloren gegangen ist.

Schlangen hatten wir in Augustawatte fast noch mehr als in Lewella. Einmal machte meine Mutter ihren Mittagsschlaf mit offener Tür nach draußen zu einer kleinen Terrasse. Als sie auf die Uhr schauen wollte, schaute sie direkt in die riesigen gelben Augen einer blau schimmernden Schlange. Trotz ihres Entsetzens sah sie noch, dass auch die Schlange sich über diesen plötzlichen Blickkontakt total erschreckt hatte. Ganz lange lag meine Mutter unter Schock auf dem Bett und konnte sich weder bewegen noch um Hilfe rufen. Später suchte sie die Schlange, doch die war längst verschwunden. Trotzdem fühlten wir uns in dem neuen Haus sicher.

Ungewohnt war für mich, plötzlich die älteste Tochter im Haus zu sein. Aber ich habe mich sehr schnell daran gewöhnt und es genossen. Allerdings war ich noch lieber damit beschäftigt, die neuen sportlichen Errungenschaften aus der Schule in Indien, wie z.B. Turnübungen, gleich an meine jüngeren Geschwister weiterzugeben. Als ich mit ihnen kleine akrobatische Vorführungen einübte, waren die sri-lankischen Kinder sehr belustigt, denn so etwas kannten sie überhaupt nicht. So hatten wir gleich Zuschauer.

Schön war es auch, wenn meine älteren Schwestern einmal im Jahr in den Ferien zu Besuch kamen und manchmal Freundinnen mitbrachten. Mechthild kam einmal mit einer Mitschülerin aus der Hebammen-Schule. Diese hatte eine Abschrift ihrer Urlaubskarte in unserem Gästebuch verewigt. Sie schrieb:

„Nachdem wir uns von dem Schrecken erholt haben, den uns eine Polonga (Viper) einjagte, die während eines Streifzuges durch unsere Gemächer von Mechthilds Vater an ihrer Angriffslust durch einen Kopfstich mit dem Brotmesser gehindert wurde (und ihren Abgang

im Klo vollendete), sind wir wieder fleißig gemüht, den Sunder-
meierschen Zoo – 5 Hunde, 6 Katzen, 3 Schildkröten, 10 Hühner,
1 Pony, 1 Kuh – bei Laune zu halten. Desweiteren geht es uns recht
gut, bis auf das Wissen der permanenten Gefahr der Übertragung
der hier ansässigen Kopfläuse. Für eine abwechslungsreiche Erfri-
schung sorgt, zur nächtlichen Stunde unerwartet das Kätzchen Pus-
sy durch liebevolles Ablecken des Gesichts. Bis bald!"

Mit den fünf Hunden war u.a. meine Schäferhündin Senta gemeint, die ich vor ein paar Jahren zum Geburtstag bekommen
hatte. Als wir dann in Augustawatte waren, bekam sie zehn Junge, von denen sechs überlebten. Es machte mir riesigen Spaß, sie
großzuziehen, obwohl ich natürlich nur in den Ferien Zeit hatte.
Agnes, die die meiste Arbeit mit den Hunden hatte, durfte später
Wolf, den einzigen komplett schwarzen Sohn von Senta, behalten.
Der hat ihr richtig gut getan.

Ein weiteres besonderes Ereignis war die Hochzeit von Dilly
(Johanns Schwester) mit Nimal Silva. Obwohl es eine von der
Tante arrangierte Hochzeit war, waren die beiden sehr glücklich miteinander verheiratet, bis Nimal leider vor einigen Jahren
an Krebs starb. Sie sind nach der Hochzeit nach Colombo gezogen und haben einen Sohn, Dinesh, und eine Tochter, Nimali,
bekommen. Priyani ist später nach England ausgewandert und
lebt dort bis heute.

Nimali, Dilly, Dinesh, Nimal (v.l.n.r.)

14. Kleinbetriebe in Augustawatte

Batikwerkstatt

Ein Fach, das ich in der Mädchenschule regelrecht gehasst habe, war *needle work*. Da ging es nicht nur darum zu nähen, sondern ein Stück Stoff mit dem feinsten, ordentlichsten Saum zu säumen, der dann benotet wurde – für mich die reinste Tortur. Viel lieber hätte ich mit deftigem Holz gearbeitet. Aber meine sri-lankischen Mitschülerinnen liebten es, genau solche Säume zu produzieren. Und sie bekamen es so wunderbar und gleichmäßig hin, dass ich grün vor Neid war. Überhaupt: Die handwerkliche Geschicklichkeit der Mädchen und Frauen in Sri Lanka war Spitzenklasse. Das sprach natürlich auch meine Mutter sehr an. Schon gleich am Anfang unseres Aufenthaltes in Sri Lanka, wurden wir zu Nähkursen geschickt, damit wir lernten, unsere Kleider selber zu nähen. Schrecklich. Meinen Schwestern gefiel das gut und sie bekamen, im Gegensatz zu mir, ganz ordentliche Kleider hin.

Als meine Eltern nun mit uns nach Augustawatte umgezogen waren und meine Mutter die vielen Frauen und auch jungen Männer ohne Arbeit sah, fragte sie: „Was könnt ihr denn?" „Nähen" und „Batiken" antworteten sie. Schon in Lewella hatte ein junger Bursche einmal meiner Mutter wunderschöne Batiken, die er selber gemacht hatte, zum Kauf angeboten. Und so begann sie einfach eine Batikwerkstatt. Ein Färber wurde gefunden, etliche Frauen als Wachserinnen und später noch einige junge Frauen, die die Stoff- und Näharbeiten machten. In Sri Lanka wurden zwar schon viele Batiken hergestellt, aber etliche davon trafen nicht den Geschmack der Touristen aus Deutschland, die ins Land kamen.

Viel mehr als einen oder zwei Wandbehänge mit Elefanten- oder Palmenmotiven des Landes hängt man sich dann doch nicht ins Haus. So überlegte meine Mutter, was man noch zusätzlich an Artikeln anbieten könnte.

Zunächst war allerdings wichtig, erst einmal nach qualitativ hochwertigen Farben Ausschau zu halten, die zum einen kräftig leuchteten und kochfest waren, zum anderen aber auch nicht so schnell von der Sonne ausbleichten. Danach spezialisierte sie sich darauf, eine Nähstube zu eröffnen, so dass nicht nur Wandbehänge, sondern auch alle möglichen anderen Artikel hergestellt werden konnten, wie Tischdecken, Tischsets, kleine Fensterbilder, Karten, bis hin zu gebatikten Wickelröcken, Hemden, Blusen und Krawatten. Meine Eltern und wir Kinder waren die ersten Abnehmer dieser Kleidungsstücke und liefen als lebende Reklame der Batikwerkstatt herum. Auch unser Haus war von vorn bis hinten mit Batiken bestückt. Man könnte sagen: Bei uns und bei vielen unserer Freunde und Gäste war der Batikboom ausgebrochen. Egal, Hauptsache die Menschen hatten eine geregelte Arbeit und konnten ihre Familien ernähren. Echt gebatikte Weihnachtskarten oder Weihnachtsfensterbilder, die im Sonnenlicht wunderschön leuchteten, waren geradezu der Renner. Aber auch Ganzjahresmotive wie Orchideenblüten oder Tiermotive wurden gern gekauft. Viele der Besucher nahmen große Mengen an Batiken mit nach Deutschland, entweder als Geschenke oder auch zum Verkauf z.B. auf Gemeindebasaren.

Wachserinnen in der Batikwerkstatt

Meiner Schwester Liebgard ist einmal etwas Lustiges passiert, als sie auf dem Heimflug zum Studium ein Päckchen für jemanden in Deutschland mitnehmen sollte. Es war beschriftet mit *family pictures*. Da meine Schwester keine Ahnung hatte, was drin war, machte der Zollbeamte in Deutschland es kurzerhand auf und musste lachen. Denn die *Familienbilder* entpuppten sich als gebatikte Fensterbilder mit dem Motiv der Heiligen Familie – für Weihnachten.

Am Anfang befand sich die Batikwerkstatt in einem winzigen Raum im länglichen Bürogebäude, das im Projekt zur Verwaltung als erstes gebaut worden war. Die großen, gemauerten Becken zum Färben der Stoffe befanden sich unter der angrenzenden Überdachung, und ein großer Bottich auf offener Feuerstelle diente dazu, das Wachs aus den fertigen Batiken herauszukochen. Später wurde dann ein eigenes Gebäude für die Werkstatt und für zwei Nähräume gebaut, so dass auch Platz für noch andere Näharbeiten, wie z.B. Lochstickereien und Häkeldeckchen vorhanden war. Es ist mir unbegreiflich, wie gern und perfekt diese Frauen derart filigrane Arbeiten machten – auch wenn sie später Nähmaschinen dafür zur Verfügung hatten. Dadurch ging es zwar wesentlich schneller, aber mit der Hand erschien es nicht weniger perfekt.

Als ich in den Ferien von Indien nach Hause kam, ging ich immer wieder gern in die Batikwerkstatt und schaute den Frauen, die das Wachs auf die Stoffe auftrugen, fasziniert zu – bis mich irgendwann der Eifer packte und ich es selbst ausprobieren wollte. Da erst merkte ich, wie schwer diese Arbeit in dem heißen, von den Kerosinöfen sehr stickigen Raum, wirklich war. Die Wachserinnen staunten, als ich mich zu ihnen setzen und mitmachen wollte, zeigten mir dann aber bereitwillig, wie es ging. Obwohl weder ich ihre, noch sie meine Sprache konnten, habe ich mich mit diesen tamilischen Frauen mit Händen und Füßen und viel Lächeln gut verständigen können.

Als Werkzeuge zum Wachsen nutzten wir *Tjantings*, einfache Holzstäbe mit verschieden großen Ösen aus Metalldraht. Je nachdem, ob filigrane Punkte, Striche, Gesichter oder große Flächen gewachst werden mussten, entschied man sich für die entsprechende Größe der Ösen. Am Wichtigsten war es, das Wachs kochendheiß auf das Tuch zu bekommen, damit es den Stoff vollkommen durchtränkte. Wenn man nicht schnell genug arbeitete und das Wachs schon auf dem Weg vom Topf zum Tuch abkühlte, blieb es nur auf der Oberfläche des Tuches, so dass an dieser Stelle die nächste Farbe nicht abgehalten wurde. Wenn es dumm kam, hatte Maria dann ein blaues oder grünes, statt eines weißen Gesichtes. So war die Verantwortung der Wachserinnen sehr groß, und wenn ich jetzt einen dreifarbigen Wandbehang sehe, dann weiß ich, was für harte und lange Arbeit dahintersteckt. Nach jedem Färben musste erst wieder alles gewachst werden, das in dieser Farbe bleiben sollte, dann kam die nächste Farbe dran usw. Erst ganz am Schluss, nach der dunkelsten Farbe wurde das ganze Wachs in kochendem Wasser wieder herausgekocht und das fertig gebatikte Stück getrocknet und gebügelt. Der Färber hatte nicht nur die Verantwortung, die gewachsten Stücke in der richtigen Farbreihenfolge zu färben, sondern auch die großen, gewachsten Flächen zu *brechen*, d.h. er musste richtige Bruchstellen ins Wachs brechen, damit die Farbe wie feine Äderchen den Stoff durchzog, was ja das Markenzeichen einer Batik ist. Wenn er das vergaß, sah z.B. eine große weiße Fläche langweilig bis schrecklich aus, so dass manchmal das ganze Stück nicht mehr verkäuflich war.

Insgesamt war diese Batikwerkstatt ganz schnell ein voller Erfolg. Die Sachen waren so schön, dass viele Touristen sie kauften und sogar Bestellungen für weitere Batiken hinterließen. In ihrem Rundbrief schrieben die Eltern, dass schon Ende 1977, also nach einem halben Jahr, die Arbeit so erfolgreich war, dass von dem Erlös über 200 T-Shirts für die Kinder in Augustawatte zur Weihnachtsfeier gekauft werden konnten. Für diese Kinder war es oft das einzige Kleidungsstück, das sie in einem Jahr bekamen.

Im Jahr 1978 kamen Horst und Anne Pönnighaus, eine befreundete Familie, mit ihren 3 Kindern zu Besuch. Sie waren von der Arbeit so begeistert, dass sie sich nicht nur sofort tatkräftig einbrachten, sondern Frau Pönnighaus sich in Deutschland auch noch jahrelang um die Vermarktung der Batiken gekümmert hat – in liebevollster Weise unter extremem Zeitaufwand. Sie hat sogar einen schönen Katalog aller Batik-Arbeiten auf edlem Hochglanzpapier erarbeitet und vervielfältigt, so dass ein richtiges Versandwesen von Deutschland aus ermöglicht werden konnte. Immer wenn meine Eltern oder Renate auf Gemeindeveranstaltungen unterwegs waren, hatten sie einen Koffer mit Batiken samt

Katalogen dabei. Gerade in der Weihnachtszeit waren die schönen, weihnachtlichen Wandbehänge, Karten und Fensterbilder oder Weihnachtstischdecken und Tischläufer sehr beliebt.

Renate hatte auch noch die gute Idee, die sie natürlich gleich selber in die Tat umsetzte, nämlich sogenannte Ladenhüter (Artikel, die sich einfach nicht verkaufen ließen oder schon etwas ramponiert waren) zu nützlichen Artikeln wie Taschen, Leuchtern, Transparenten oder auch Körnerkissen zu verarbeiten, die dann sehr gerne gekauft wurden. Für die Menschen in Sri Lanka wäre es sehr schwierig gewesen, eigene Absatzmärkte außerhalb des Tourismus zu finden und so waren sie sehr dankbar für diese Hilfe. Ab und zu sind auch ein paar Artikel über Dritte-Welt-Läden verkauft worden, aber die hatten oft schon andere Zulieferer, so dass sie als Verkaufsquellen nicht ausgereicht hätten.

Ein Motiv für einen großen Wandbehang ist von dem Leiter einer Gemeindereisegruppe, einem Pfarrer aus Stuttgart, in Auftrag gegeben worden. Thema der Batik sollte die Auferstehung sein. Die Tochter des Kinderarztes Dr. Aponso, eine Biologiestudentin, hat daraufhin eine Vorlage entworfen, die die ganze Heilsgeschichte – von der Schöpfung über die Geburt und Kreuzigung Jesu bis hin zur Auferstehung und dem Tor zum Ewigen Leben – auf wunderschöne Weise darstellte. Ich finde sie bis heute eine der schönsten Batiken der KCM. Viele Gemeinden haben sie danach bestellt und wahrscheinlich hängt sie bis heute in einigen Kirchen oder Gemeindehäusern Deutschlands.

Eine Batik zum Thema *Auferstehung*

Holzlehrwerkstatt und Kerzenproduktion

Durch Herrn Pönnighaus wurde auch noch ein anderes Arbeitsfeld möglich: Er hatte zu Hause eine Möbelfabrik und so half er tatkräftig und durch Spenden von Maschinen, dass im Projekt eine Schreinerei aufgemacht werden konnte. Auch Freunde von ihm und viele andere trugen dazu durch Spenden bei. Ein Freund meiner Eltern, Herr Schwesig, der kurz vor der Pensionierung stand, war sogar bereit, danach eine Zeitlang im Land zu bleiben, um eine Lernwerkstatt für Jugendliche aufzubauen. Sie sollten durch einheimische Schreiner in Zusammenarbeit mit Herrn Schwesig eine solide, fachmännische Ausbildung bekommen, damit sie später dann auch in anderen Werkstätten des Landes angestellt werden konnten. Optimal war außerdem, dass die ganzen Holzarbeiten, Türen und Fenster für die Häuser der Siedler hier gefertigt werden konnten.

Später kam noch eine kleine Lederwerkstatt hinzu, da Leder durch die vielen Rinder in Sri Lanka sehr gut und günstig war. So wurde es für die KCM langsam möglich, durch all die vielen Arbeitszweige, sich selbst bzw. die vielen Gehälter zu finanzieren, um mit Spendengeldern Hilfsprogramme und neue Projekte starten zu können.

Ich habe am Anfang einmal erwähnt, dass unsere Garagen nie für Autos benutzt wurden. So bekam auch hier in Augustawatte die Garage eine andere Funktion: Aus ihr wurde eine Kerzenwerkstatt. Meiner Mutter war es schon lange ein Dorn im Auge, dass es in Sri Lanka keine schönen Kerzen zu kaufen gab, sondern nur ganz einfache, fast durchsichtige Paraffinwachskerzen. Besonders an Weihnachten fehlten ihr die schönen, dicken, roten Adventsstumpen und die Tannenbaumkerzen, so dass bei ihr solche Kerzen immer an oberster Stelle auf der Wunschliste stand, wenn Gäste aus Deutschland fragten, was sie uns denn mitbringen könnten. Aber irgendwann fing sie einfach an, für sich selber Kerzen zu gießen und zu färben. Das Material dafür gab es zum Glück zu kaufen. Einmal kam ein Hotelbesitzer aus Colombo zu Besuch und fragte sie, wo sie diese schönen Kerzen gekauft hätte. Als er hörte, dass sie sie selber hergestellt hatte, wollte er gleich welche für sein Hotel bestellen. So kam meine Mutter auf die Idee, die Produktion mit Hilfe von Sri-Lankern zu steigern und gründete die Kerzenfabrik.

Die Kerzenfabrik in der Garage

Das sah so aus: Erst einmal mussten ganz viele verschiedene Variationen ausprobiert werden, was bei uns zu Hause stattfand. Ich sehe noch heute die stundenlang brennenden Musterkerzen, mit denen meine Mutter testete, welche Dochtstärke für welche Kerzendicke geeignet war. Außerdem ließ sie einen Ventilator vor den brennenden Kerzen laufen, um zu sehen, welche Kerze trotzdem am längsten und ruhigsten brannte. Der Hotelbesitzer hatte sie darauf aufmerksam gemacht, als er sich beklagte, dass bei den Deckenventilatoren die meisten Kerzen ausgingen. Äußerst erfinderisch und ökonomisch war meine Mutter bei der Suche nach Behältern für die verschiedensten Kerzenformen. Da wurden alte Plastikrohre in verschiedenen Durchmessern zu verschiedenen Längen zugeschnitten und mit einem passenden Boden versehen. Manche Kerzen wurden gezogen und gedreht oder auch gerade gelassen. Runde Kerzen stellte sie mit Hilfe unserer Suppenkellen her, so dass Agnes sich schon über deren Verlust in der Küche beklagte. Schließlich galt es noch herauszufinden, welche Farben am schönsten leuchteten.

Uns als Familie ging es manchmal so, dass wir keine Kerzen mehr sehen konnten und schon gar nicht die Überlegungen meiner Mutter mit anhören wollten, welcher Docht nun besser sei oder welche Farbe schöner. Aber was sie da in kürzester Zeit auf die Beine gestellt hatte, war schon gigantisch. Als die Produktion dann endlich in die Garage verlegt wurde und zwei bis drei junge Frauen angelernt und eingearbeitet waren, hatten wir auch wieder etwas mehr Ruhe im Haus. Der Verkauf lief blendend. Zum einen kamen große Bestellungen aus den Hotels in Colombo, so dass die Mitarbeiterinnen oft mit der Produktion gar nicht nachkamen. Zum anderen waren auch Leute aus Sri Lanka, die zu Besuch kamen, so begeistert davon, dass sie gleich welche kauften oder bestellten.

Irgendwann hatten die Mitarbeiterinnen die Idee, einige Kerzen mit Schnee in Form von aufgeschäumtem Wachs zu verzieren. Meine Mutter war zuerst entsetzt, weil sie jegliche Form von Kitsch hasst. Aber sie hat bald eingesehen, dass diese Kerzen nicht kitschig, sondern richtig schön und bald sehr begehrt waren.

So entstanden in der neuen Siedlung Augustawatte nicht nur das Häuser- und Orchideenprojekt, sondern auch eine ganze Reihe von kleinhandwerklichen Betrieben und sozialer Einrichtungen. Meinen Eltern war es wichtig, nicht nur für Arbeit zu sorgen, sondern sich um die Menschen an sich zu kümmern. Sie wollten ihnen – gerade auch den vielfach missachteten, indischen Plantagen-Tamilen – Wertschätzung zeigen.

Alltag in Augustawatte

Da sich Augustawatte weit weg von der Kirche in Kandy befand, hielt mein Vater sonntagnachmittags einen Gottesdienst in der offenen Halle der Töpferei für die Gemeindeglieder der *Scot's Kirk*, die im Projekt wohnten. Diese haben natürlich ihre neugierigen Nachbarn nicht aus-, sondern eingeladen, die dann fröhlich mitgefeiert haben. Bei den Siedlern hieß die Töpferei sowieso schon liebevoll *God's Pottery* (Gottes Töpferei). Neben einigen Hausbibelstunden gab es auch Kinderstunden, die bei den vielen Kindern beliebt waren. Gerade auch für die tamilischen Kinder, die zum Teil nicht zur Schule gingen, war das eine willkommene Abwechslung ihres tristen Alltags. Durch den neu angelegten Sportplatz waren jetzt auch verschiedene Sportfeste möglich.

Für die Kinder, die meinen Eltern ganz besonders am Herzen lagen, entwickelten sie zusammen mit Renate in Deutschland das Patenschaftsprojekt, so dass Menschen ein Kind als Schulpaten übernahmen und so eine gute Schulbildung dieses Kindes ermöglichen konnten. Auf der anderen Seite fanden sie einen Lehrer des Trinity Colleges, der seine Arbeit dort aufgab, um im Projekt die nicht registrierten tamilischen Kinder zu unterrichten. Es ist toll zu sehen, wie viele Sri-Lanker bis heute bereit sind, hier mitzuarbeiten und für die Ärmsten da zu sein. Einige der Kinder, denen damals durch das Schulpatenschaftsprojekt geholfen worden war, haben heute eine gutbezahlte Arbeit. Sie zeigen ihre Dankbarkeit dadurch, dass sie ihrerseits wieder helfen wo immer sie können und sich für andere in Not einsetzen – auch wenn sie an ganz anderen Orten des Landes oder sogar im Ausland leben. Sie haben erfahren, dass nicht Geld und auch nicht die Ausbildung letztlich glücklich machen, sondern die Wertschätzung, die sie durch die Liebe Gottes erfahren haben – und das wollen sie weitergeben.

Der Kindergarten der KCM in Augustawatte war ebenfalls eine große Hilfe für die vielen tamilischen Kinder, die sonst keine Möglichkeit gehabt hätten, einen zu besuchen. Alice Liard, die Gesamtleiterin beider KCM-Kindergärten, hatte bei der Planung und dann auch Auswahl und Ausbildung der Erzieherinnen mitgeholfen. Obwohl es genügend Kinder gab, hätte der Kindergarten hier allein nicht überleben können, denn die wenigsten Eltern in Augustawatte waren fähig, überhaupt einen Beitrag zu zahlen. Aber dadurch, dass der Kindergarten in der Stadt erweitert worden war, konnte mit dessen Beiträgen dieser Kindergarten mitfinanziert werden.

Bald war auch die Gemeinschaftshalle fertig. Ich erinnere mich noch gut an die Einweihung durch den ersten Sekretär der deutschen Botschaft. Gegen den Willen meines Vaters wurde sie Sundermeier-Halle genannt. Viele Menschen kamen zur Einweihung und die Siedler waren sichtbar stolz, denn etliche von ihnen hatten bei dem Bau mitgeholfen. Jetzt galt es, sie mit Leben und guter Gemeinschaft zu füllen.

15. Das Wesentliche bleibt

Rückschau

Meine Eltern hatten von der VEM die Genehmigung bekommen, bis 1984 zu bleiben, um alle Projekte, besonders auch das Häuserprojekt zum Abschluss bringen zu können. Wenn man auf die vergangenen zwölf Jahre zurückschaute, dann war da ganz schön viel gewachsen. Nicht nur an Gebäuden und Projekten, sondern vor allem an der Gemeinde und an Menschen, die durch den Glauben noch eine viel weitreichendere Perspektive für ihr Leben gewonnen hatten, als nur ums Überleben und möglichst viel Geld zu kämpfen. Das hat man immer wieder an den fröhlichen Kindergarten-, Gemeinde-, Jugend- und Kinderfesten gemerkt. Hier waren Menschen, die einen Sinn im Leben darin sahen, mit anderen Gemeinschaft zu haben, sich aber auch um die Nöte des anderen zu kümmern.

Die Menschen, die aus der Gemeinde mittlerweile in Augustawatte wohnten, versuchten doch vielfach, am Sonntagmorgen mit dem Bus oder einer Mitfahrgelegenheit zur *Scot's Kirk* zum Gottesdienst zu kommen – wenn es irgendwie finanziell möglich war. Mit der dortigen Gemeinde waren und sind sie bis heute verbunden. Sie merkten einfach, wie wichtig es ist, sich regelmäßig sonntags zu sehen und Gemeinschaft miteinander zu haben. Zu den mittlerweile monatlich stattfindenden Gottesdiensten in der Töpferei und zu verschiedenen Hauskreisen in Augustawatte gingen sie dann ebenfalls noch.

Wer allerdings denkt, dass meine Eltern jetzt nur das Bestehende verwaltet und zu Ende gebracht hätten, der kennt sie schlecht.

Je länger sie im Land waren, desto mehr sahen sie, dass es an allen Ecken und Enden fehlte und dass man eigentlich pausenlos neue Hilfen ins Leben rufen müsste. So haben sie einfach weiterhin das angepackt, was ihnen vor die Füße kam. Als sie die Gelegenheit dazu bekamen, kauften sie oberhalb des Projektes eine kleine Farm für die City-Mission. So hatten sie Milch, um den vielen Kindern im Projekt wenigstens einmal am Tag ein Glas frischer Milch zukommen lassen zu können. Diese Farm ermöglichte es auch, darin eine Filiale der Käserei aufzubauen, da die Nachfrage mittlerweile zu groß war, um von der Käserei in Lindula allein bewerkstelligt zu werden.

Brot und Zähne

Eine Sache war besonders meiner Mutter noch ein Dorn im Auge. Der Käse schmeckte zwar sehr gut, aber das labbrige Weißbrot überhaupt nicht. Es war ideal, um damit die Curry-Soßen aufzusaugen, aber meine Mutter hatte doch lieber eine gescheite Schnitte Vollkornbrot unter dem leckeren Käse. Und so begann sie, schon als wir noch in Lewella wohnten, Brot zu backen und es auch Agnes beizubringen. Richtiges Vollkornmehl gab es nicht, sondern nur ein Teilauszugsmehl. Es wurde in riesigen Säcken verkauft und musste zügig verarbeitet werden, da es bei der hohen Luftfeuchtigkeit schnell schimmelte. Als wir nun nach Augustawatte zogen, lag es nahe, auch eine kleine Bäckerei aufzubauen, in der hauptsächlich braunes Brot gebacken werden sollte. Wieder einmal fanden sich Menschen, die halfen, den großen Ofen zu finanzieren, so dass Agnes dort im großen Stil Brot backen konnte. Auch Pushpa, die mittlerweile mit ihrem Mann Walter in Augustawatte wohnte, half mit beim Backen, da sie das bei Renate ja auch gelernt und getan hatte. Die Nachfrage war groß, sowohl von den Hotels in Colombo als auch von der Cafeteria, von der viele Menschen in der Stadt Kandy zu dem Käse nun auch das Brot, das es sonst nicht zu kaufen gab, erwarben. In Colombo gab es zwar ausländisches Vollkornbrot aber das konnten sich die Meisten nicht leisten.

Bei den Kindern im Projekt fiel den Eltern auf, dass die meisten von ihnen nie einen Zahnarzt aufsuchten, weil die Eltern sich das gar nicht leisten konnten. Dementsprechend schlecht waren natürlich die Zähne nicht nur der Eltern, sondern auch schon die der Kinder. Viele der Erwachsenen aus der ärmeren Bevölkerungsschicht hatten schon mit 40 Jahren nur noch Zahnstummel im Mund. Damals war es noch vielfach üblich, besonders in der älteren Generation, Betelnussblätter (ähnlich wie Kautabak) zu kauen. Diese grünen Blätter hinterließen einen roten Saft, der einfach so auf die Straße gespuckt wurde. Das war nicht nur äußerst eklig – zumal man als Fußgänger wirklich aufpassen musste, nicht ausversehen mit diesem roten Zeug angespuckt zu werden, sondern, es machte auch die Zähne gänzlich kaputt. Zum Glück stirbt dieses Problem langsam aus, denn die jüngere Generation der Sri-Lanker lässt die Finger davon. Die Kinder hatten allerdings ganz normale Zahnprobleme, die trotzdem behandelt werden mussten.

So kam ein neues Projekt hinzu. Praktisch war, dass die Zahnklinik der Peradeniya-Universität direkt an der Straße lag, die nach Augustawatte führte. So haben meine Eltern dort einen Zahnarzt gefunden, der bereit war, einmal in der Woche Studenten ins Projekt zu schicken und fachmännisch zu begleiten. Sie behandelten kostenlos die bedürftigen Siedler Augustawattes - sozusagen als Sozialarbeit. Dazu wurde im Projekt ein Raum als Zahnpraxis zur Verfügung gestellt und mit einem Zahnarztstuhl versehen.

Ein weiterer Raum des Gesundheitsgebäudes stand als kleine Arztpraxis Dr. Kulawardena zur Verfügung, der jetzt auch einmal in der Woche nach Augustawatte zur Behandlung der Menschen kam. Seine ärztliche Versorgung half sehr vielen, die sich die weite Fahrt in die Stadt nicht hätten leisten können. Dass Dr. Kulawardena, der auch nicht mehr der Jüngste war und selber immer mit Bus und Bahn nach Kandy kommen musste, jede Woche treu die Menschen behandelte, ist ein wahres Geschenk gewesen. Sogar als meine Eltern schon nicht mehr im Land waren, hat er noch jahrelang weitergemacht.

Mittlerweile hatte meine Mutter von ihm nicht nur viel in der Praxis gelernt, sondern auch selbst in Colombo ein Homöopathiestudium angefangen und mit allen Prüfungen zu Ende geführt. Meine jüngeren Geschwister waren allerdings nicht so begeistert davon, dass meine Mutter so oft weg musste. Ein Kurs fand sogar in England statt. Ein anderes Mal lernte sie in China und Indonesien Akupunktur und Akupressur. Es war spannend, was sie da alles erlebte und erlernte. Einmal erzählte sie mir, dass ein Pfarrer aus Taiwan ihr sein Können, das dort nur von Vater zum Sohn weitergegeben wurde, beibrachte, weil sie es als Missionarin den Menschen zu Gute kommen lassen würde und nicht daran verdienen wollte. Später in Namibia konnte sie jedenfalls sehr vielen damit helfen. Aber auch schon in Sri Lanka saßen die Menschen frühmorgens vor unserer Tür, bekamen von Agnes eine Tasse Tee und warteten, bis meine Mutter sich ihrer Leiden annahm und ihnen Medizin gab.

Eine weitere Hilfe war, dass auch Alice Liard sich für die Homöopathie interessierte und bereit war, bei Dr. Kulawardena zu lernen und ihm später als Assistentin zu helfen. Auch sie machte die Homöopathieausbildung in London.

Sie und ihr Mann Brian hatten sich ein Grundstück oberhalb des Projektes gekauft und ein Haus gebaut, so dass sie mittlerweile mit ihren beiden Töchtern auch in Augustawatte wohnten. So konnte Alice im Laufe der Jahre durch die Praxis von Dr. Kulawardena nicht nur sehr viel lernen, sondern auch den Siedlern helfen, wenn der Arzt wieder in Colombo war. Das ist bis heute so geblieben.

Mehr Platz für viel Besuch

Im Jahr 1978 kam der Präses der westfälischen Kirche, Dr. Hans Thimme, zu Besuch, um sich die Arbeit meiner Eltern anzuschauen, von der er immer wieder gehört hatte. Eines Abends meinte er, dass es doch gut wäre, wenn die KCM eigene Gästeräume hätte, um zum Beispiel Gemeindegruppen etc. selbst beherbergen zu können oder auch Konferenzen und Studienreisen von angehenden Pfarrern abhalten und die Gäste in der KCM unterbringen zu können. Ob es denn nicht möglich wäre, das einstöckige Gebäude der KCM im Stadtzentrum aufzustocken. Daraufhin sagte mein Vater, die Fundamente seien schon gleich für ein dreistöckiges Gebäude ausgerichtet worden, es habe bisher nur an dem nötigen Kleingeld gefehlt. Aber mit der Beauftragung der Ev. Kirche von Westfalen würde er natürlich sofort damit beginnen, so dass schon in einem Jahr Vikare und andere Gruppen die Zimmer benutzen könnten. Gesagt, getan.

Als Pfarrer Karl-Friedrich Schaller mit einer Reisegruppe der Gemeinde in Bad Cannstadt zu Besuch kam, konnten sie schon in den neuen Räumlichkeiten wohnen. In deren Reisebericht vom November 1980 wird geschildert, wie sehr die Gruppe es genossen hat, mitten in der Stadt in den Gästeräumen der KCM wohnen zu können, den Swimming Pool zu benutzen und von der Cafeteria köstlich versorgt zu werden. Dadurch, dass sie dort so zentral wohnen konnten, hatten sie natürlich auch bessere Möglichkeiten, mit einzelnen Menschen der KCM ins Gespräch zu kommen und über die Arbeit von den Sri-Lankern selbst zu erfahren. Laut Bericht wären sie sonst viel mehr als Touristen behandelt worden und hätten sich z.b. nicht so einfach den Kindergarten ansehen und mit den Erzieherinnen ins Gespräch kommen können – auch über die Arbeit in den Slumgebieten.

Aus dem Gästebuch meiner Eltern geht hervor, dass noch viele andere diese Gästezimmer genutzt haben und davon ganz angetan waren. Überhaupt nahm der Besucherstrom in diesen Jahren sehr zu. Einige der Jugendlichen, die 1975 bei der Freizeit dabei waren, kamen ein paar Jahre später noch einmal und manche blieben sogar mehrere Wochen, um wieder mitzuhelfen. Einen Eintrag im Gästebuch meiner Eltern finde ich besonders packend und zutreffend:

„Feuchtwarme Luft verweht einem die Haare wenn man die Treppe des Flugzeugs hinabsteigt, strahlender Sonnenschein, wolkenloser Himmel und die freundlichen Gesichter derjenigen, die diese Palmenwelt bewohnen, runden das Bild ab.

Ist dies das Entwicklungsland, die ehemalige Kolonie Ceylon? Links und rechts der holprigen Asphaltstraßen kleine, dreckige Hütten aus Palmenzweigen, Lehm oder Backstein.

Verrostete Autos mit abgefahrenen Reifen, quaderförmige Busse, an deren Türen die Fahrgäste um Halt ringen. Ist dies Sri Lanka, Perle des Indischen Ozeans, wie wir es in den Reisebroschüren sehen?

An einem Berghang liegend, abseits des Trubels der alten Königsstadt (Kandy): Einige Dutzend Häuser, über den Hügel verstreut, nach europäischem Vorbild erbaut, Landwirtschaft, Orchideenzucht, Werkstätten, die nicht nur Tagelöhnern kurzzeitig Arbeit verschaffen zu Löhnen, die zu niedrig sind zum Leben und zu hoch zum Sterben.

Ist dies das Sri Lanka der Zukunft? Vielen Dank ... In der Hoffnung, dass das Projekt auch in Zukunft gedeihen wird."

Einmal haben auch Mitarbeiter der *Operation Mobilisation* (OM) an Bord des Schiffes *Logos* meine Eltern besucht. Dieses Schiff, eingesetzt von der Missionsgesellschaft OM, das verschiedene Häfen der Welt anläuft, um Bibeln und christliche Literatur zu verteilen und zu verkaufen, hatte im Hafen Colombos Station gemacht. Mein Vater, der sich mit etwas Literatur eindecken wollte, kam mit den Mitarbeitern ins Gespräch und lud sie natürlich ein, ihn und die KCM in Kandy zu besuchen. Das taten einige von ihnen dann auch – unter anderen auch der OM-Architekt, der dann gleich bei den Plänen für verschiedene Gebäude in Augustawatte mithalf.

Ein anderes Mal kam Manfred Siebald, ein christlicher Liedermacher, zusammen mit einer Reisegruppe zu Besuch. Da er die Arbeit der KCM unterstützen wollte, brachte er zusammen mit Doris Loh eine Schallplatte heraus, von der jeweils DM 2,50 pro Schallplatte für die Arbeit bestimmt wurden. Ich war zu dem Zeitpunkt schon in Deutschland zum Studium. Eines Tages klopfte es an der Tür meines Studentenzimmers an der kirchlichen Hochschule in Wuppertal. Eine wildfremde Person kam herein, richtete mir Grüße von meinen Eltern aus und schenkte mir eine Schallplatte. Als ich hinten darauf Bilder von meinen Eltern und Geschwistern und einen Kurzbericht über die Arbeit in Sri Lanka sah, spürte ich richtig Heimweh in mir aufkeimen. Nicht allein nach meiner Familie, sondern auch nach diesem Land, das für mich ein Heimatland geworden war. Über die Schallplatte habe ich mich natürlich sehr gefreut.

Es wäre zu viel, all die Besucher aufzulisten, die zum Teil als wildfremde Menschen kamen, als Freunde gingen und Freunde blieben. Es wäre zu viel, all die Menschen aufzuzählen, die durch ihre Gebete und auch ihre finanzielle Unterstützung diese Arbeit erst möglich gemacht haben. Ich weiß aber, dass viele in Sri Lanka, deren Leben sich dadurch unendlich verbessert hat, ihnen bis heute dankbar sind und sie auch nicht aufhören, begeistert ihren Kindern von dieser Zeit zu erzählen.

Ein Besucher sei noch erwähnt, der eigentlich als Kontrolleur geschickt wurde, aber ganz anders nach Hause ging, als er es ursprünglich geplant hatte. 1981 sollte Herr Oberndörfer für die EZE Erkundungen über das Häuserprojekt anstellen, konkret dem Vorwurf nachgehen, ob die Häuser für die Siedler nicht zu gut seien und prüfen, ob nicht eine einfachere, günstigere Version auch genügen würde. Das alles sollte er aber sozusagen auf der Heimreise von einem anderen Projekt in einem anderen Land schnell in ein paar Tagen mit erledigen. So kam er nach Kandy, traf zum Kaffee meinen Vater, wollte sich schnell alles anschauen, seinen Bericht schreiben und wieder abreisen. Aber daraus wurde nichts. Er war nach diesem Nachmittag so begeistert von der Arbeit, dass er seinen Flug um zwei Wochen verschob, sich nach Colombo begab, um genaue Analysen vom sonstigen Sozialwohnungsbau des Landes zu machen. Dann kam er wieder nach Kandy und analysierte das ganze Projekt, sowohl baulich als auch durch Befragung der Behörden, Polizei etc. Schon allein die Polizei bestätigte ihm, wie gut die Arbeit in Augustawatte war. Jetzt herrschte dort ein nachbarschaftliches Klima statt der früheren Prügeleien. Die Polizei musste in all den Jahren nicht einmal ausrücken, um irgendeinen Streit zu schlichten, wohingegen sie früher fast täglich im Slumgebiet handeln musste. Außerdem stellte er fest, dass vielfach dort, wo einfache Baracken gebaut worden waren, mittlerweile wieder slumähnliche Verhältnisse herrschten und sich die soziale Situation der Menschen nicht verändert hatte. So plädierte er ganz entschieden für die soliden und stabilen Häuser der KCM.

Herr Oberndörfer schrieb einen ausführlichen, bestimmt 50 Seiten langen Bericht für die EZE, so dass alle Zweifel über die Häuser ausgeräumt werden konnten. Damit wurden dann auch die Gelder für den zweiten Bauabschnitt genehmigt, so dass 1979, nach der Fertigstellung der ersten 150 Häuser, nun auch der zweite Bauabschnitt in Angriff genommen werden konnte. Allerdings wurden insgesamt nur knapp 200 Häuser gebaut, da das Gebiet nicht für 300 Häuser ausgereicht hätte. Schließlich sollten die Häuser nicht wieder zu eng aneinander gebaut werden.

Das letzte Haus bekamen ein schwer behinderter Mann und seine Familie. Als es 1983 fertig war, sollte eine festliche Schlüsselübergabe stattfinden. Im Rundbrief schrieb mein Vater den Freunden in der Heimat:

„Endlich war es soweit. Die ganze Nacht hatten sie noch durchgearbeitet, um für diesen festlichen Tag auch das letzte Haus fertigzustellen. Der Junior Justizminister, Abgeordneter des Distrikts, und der Botschafter der BRD hatten ihr Kommen zugesagt, die Schlüsselübergabe für das letzte Siedlerhaus selbst vorzunehmen. Trommler und Tänzer standen bereit, um die Gäste auf dem mit Girlanden geschmückten Wege durch die Siedlung zu dem Hause zu führen, das nun eröffnet werden sollte. ...

„Sie kommen, sie kommen" – rufen plötzlich überall die Kinder. ... Jetzt ist der Tag der Freude. Und wir feiern und erleben die Dankbarkeit der Bewohner und die Mitfreude der Offiziellen über das durch viele Schwierigkeiten doch zum Abschluss gekommene Werk. Nein, Abschluss ist zu viel gesagt. Es ist ein Abschnitt erreicht, die Aufgabe der Mission aber und auch der Prozess des Zusammenwachsens muß weitergehen. Ein hoffnungsvoller Anfang wurde gemacht."

Vor dieser Fertigstellung des Projektes gab es aber im Oktober 1982 für uns einen familiären Höhepunkt. Da feierten meine

Eltern ihre Silberhochzeit und wir drei Schwestern, die wir schon in Deutschland waren, kamen zu Besuch. Seit langem waren wir das erste Mal wieder alle zusammen in Sri Lanka. Liebgard war mittlerweile mit Andres verheiratet und Mechthild mit Reinhard befreundet. Auch Priyani, Dilly mit ihrer Familie und Johann waren selbstverständlich dabei. So haben wir alle gemeinsam ein wunderschönes Fest gefeiert, viel miteinander musiziert und das Essen und Leben in Sri Lanka noch einmal so richtig genossen. Im Nachhinein gesehen, war es zugleich unser Abschiedsfest, denn schon im Jahr darauf verließen meine Eltern das Land. Doch vor dem Abschied muss noch ein leider dunkles Kapitel der Geschichte Sri Lankas erwähnt werden.

Silberhochzeit der Eltern

16. Der Rassenkonflikt zwischen Singhalesen und Tamilen

Die Unruhen von 1977

Im Sommer 1977 – nach unserem Umzug – waren wir zum Heimaturlaub in Deutschland. Anschließend sind meine Schwester Brigitte und ich sofort wieder nach Indien zur Schule gefahren. Als meine Eltern nach Augustawatte zurückkehrten, kamen sie mitten in die schlimmen und tragischen Unruhen zwischen Tamilen und Singhalesen hinein.

Der Rassenkonflikt zwischen den beiden Volksgruppen, der schon seit langem unterschwellig vorhanden war, kam erstmalig auf brutale und erschreckende Weise zum Ausbruch. Die Sri-Lanka-Tamilen, die schon seit Jahrhunderten größtenteils (neben Colombo) im Norden und zum Teil im Osten des Landes wohnten (Jaffna und Umgebung), wollten seit langem einen eigenen Staat bilden. Sie sind nicht zu verwechseln mit den einfachen, staatenlosen Familien der Teepflückerinnen und Arbeitern auf den Teeplantagen, den indischen Tamilen. Die Tamilen aus dem Norden sind überaus arbeitsame, strebsame und größtenteils hochqualifizierte Bürger des Staates. Während die Singhalesen vor 2500 Jahren von Nordindien nach Sri Lanka gekommen sind, sind die Tamilen nur 500 Jahre später von Südindien eingewandert, haben also das gleiche ethnische Wohnrecht. Auch im Aussehen sind beide Volksgruppen kaum voneinander zu unterscheiden.

Doch nun war etwas Furchtbares geschehen, was das singhalesische Volk gegen sie aufgehetzt hatte. Kürzlich erzählte mir

Johanns Schwester Dilly, wie es damals zum Ausbruch des Konflikts gekommen war: Im ganzen Land wurde in Windeseile verbreitet, dass in Jaffna angeblich drei buddhistische Mönche von Tamilen ermordet worden seien. Ob wahr oder nicht: Das wurde zum Anlass genommen, den unterschwelligen Hass auf die Tamilen (vielleicht auch Neid?) an die Oberfläche zu bringen und zu legitimieren. Obwohl bis dahin die Religionen friedlich miteinander gelebt hatten, kochte der Volkszorn besonders deshalb auf, weil der Nerv des Buddhismus getroffen war. Das brachte das Fass zum Überlaufen.

Dilly erzählte mir weiter, dass daraufhin von einigen Extremisten der singhalesischen Bevölkerung ein sogenannter D-Day (Tag X) ausgemacht wurde, an dem im ganzen Land *zugeschlagen* werden sollte. Das Schlimme ist, dass es nicht nur die Tamilen im abgeschotteten Norden des Landes traf, sondern auch die, die inmitten des Landes jahrelang friedlich mit ihren singhalesischen Mitmenschen zusammengelebt hatten, und die gar nicht daran dachten, einen eigenen Staat zu gründen. Besonders hart traf es natürlich auch die ärmsten Familien der Teepflücker, die überhaupt keinen Schutz hatten. Ebenfalls schlimm war, dass es so heimlich geplant wurde, dass viele christliche Kirchen erst davon erfuhren, als es schon zu spät war und sie überhaupt nichts dagegen tun oder Einzelne in Schutz nehmen konnten.

Meine Eltern sahen es als gute Fügung an, dass sie noch rechtzeitig aus dem Heimaturlaub zurückgekommen waren, um das Schlimmste zu verhindern. Als sie beim Mittagessen saßen, kam ein Mann aus dem Projekt angerannt und erzählte, dass einige Singhalesen gerade dabei waren, das Haus eines tamilischen Siedlers zu plündern und die Familie anzugreifen. Mein Vater rannte sofort hin, um durch ein Gespräch Frieden zu stiften. Weil er in der Aufregung sich nicht zu helfen wusste, fing er erst einmal an, fürchterlich zu schimpfen – und zwar auf Deutsch. Vor Schreck ließen die Aggressoren ihre Messer und Äxte fallen. Daraufhin beauftragte mein Vater zwei von ihnen, in Singhalesisch und Tamilisch zu übersetzen und sagte unter anderem: „Dieses Projekt ist ein Ort des Friedens. Ihr seid alle beschenkt worden und keiner von euch nimmt einem anderen etwas weg." Die Angreifer gingen beschämt nach Hause. Danach war Ruhe. Dieses Friedensgespräch sprach sich wie ein Lauffeuer im ganzen Projekt und ganz Augustawatte herum, so dass danach kein Tamile dort oben mehr angegriffen wurde. Im Gegenteil, die Singhalesen fingen jetzt an, ihre tamilischen Nachbarn vor anderen Angreifern zu beschützen.

Am nächsten Morgen kam ein tamilischer Mann, einer der früheren Teeplantagenarbeiter, der mit seiner Familie in den Reihenwohnungen am Rande des Projekts wohnte, zu meinen Eltern, bedankte sich und sagte: „Heute Nacht ist unsere Tochter geboren worden. Dank Ihnen sind wir vom Terror verschont geblieben. Wir möchten gern, dass Sie einen Namen für sie aussuchen." So wurde das Mädchen Ruth genannt, in Erinnerung an die Ruth der Bibel, die ihr Heimatland und ihre Familie verlassen hatte, um mit ihrer Schwiegermutter Noomi in ein ihr fremdes Land zu ziehen. Der Name sollte Zeichen des Friedens und der Versöhnung zwischen den verschiedenen Völkern sein.

In der Stadt Kandy wurden leider sehr viele tamilische Läden erbarmungslos geplündert und verwüstet, während in anderen Teilen des Landes sogar Menschen ums Leben gekommen sind. Die Auswirkungen, die dieser Tag auf das ganze Land in der Beziehung der beiden Bevölkerungsgruppen untereinander hatte, schädigten und lähmten Sri Lanka für Jahrzehnte. Jetzt war der Hass nicht mehr unterschwellig, sondern offen eskaliert. Jetzt hatten die Tamilen ihrerseits Grund, Hass auf die Singhalesen zu schüren. Aber nicht nur das: Auch wirtschaftlich brachte dieser Konflikt jahrelange negative Auswirkungen mit sich. Denn nun bildete sich unter den Tamilen eine regelrechte Terrororganisation, die *Tamil Tigers*. Sie war die direkte Antwort auf den D-Day der Singhalesen. Zudem wollten sie jetzt die Teilung des Landes in zwei Staaten mit Waffengewalt herbeiführen. Einer der späteren Anführer dieser *Tamil Tigers* hatte an diesem Tag in 1977 als Achtjähriger unfreiwillig zusehen müssen, wie seine Eltern von der Meute direkt vor seinen Augen umgebracht wurden. Was für einen Hass muss dieser Junge jahrelang in sich genährt haben, um später als Terroristenführer die brutalsten Bombenanschläge auf Zivilisten des Landes zu planen und durchzuführen.

Die Verfolgungen von 1983 bis zum Ende des Terrors

Fünf Jahre später begann, aufgrund der Terrorakte und Attentate der *Tamil Tigers*, eine zweite, noch schrecklichere Verfolgungswelle der Tamilen durch die Extremisten der Singhalesen. Ich war damals in Deutschland zum Studium, aber meine jüngste Schwester erinnert sich noch mit Schrecken an diese furchtbaren Monate.

Mein Vater berichtete davon in seinem letzten Rundbrief im September 1983. Ich möchte es als Zeitzeugnis hier wörtlich wiedergeben:

„Wir kamen vor 12 Jahren hierhin als ebenfalls das Land im Ausnahmezustand war, die Kämpfe mit den Aufständischen noch andauerten. Jetzt verlassen wir die uns liebgewonnenen Ceylonesen mit ihrer wunderschönen Insel zu einer Zeit tiefer politischer Spannungen und Zerrissenheit – wieder im Ausnahmezustand. Wir erlebten 1977 die Unruhen mit. Diese letzten waren allerdings die schlimmsten und

grauenhaftesten. Wir können nicht eine ausführliche Beurteilung der Lage oder gar einen Lösungsvorschlag geben. Vielleicht aber doch einige Gedanken, die zum Verständnis hilfreich sind.

Eine wichtige Rolle spielt die Tatsache, dass im Norden eine Gruppe von Tamilen sich zu einer geheimen Widerstands-Befreiungsorganisation, die Tigerbewegung, zusammengeschlossen hat, die mit Attentaten und Waffengewalt eine Spaltung der Insel in einen Tamilenstaat im Norden und einen mehr Singhalesischen Staat im Süden erzwingen will, die also nicht mit friedlichen Mitteln gleiche Rechte für alle in einem gemeinsamen Staat herbeiführen will. Entsprechend heftig war die Reaktion. Man muss allerdings auch sagen, dass es extrem Singhalesisch-buddhistische Gruppen gibt, die die Insel, die zu keiner Zeit der langen Geschichte rein Singhalesischbuddhistisch war, ganz für sich beanspruchen wollen (durch sie sind auch Mohammedaner (Moslems) und Christen bedroht). Die Auseinandersetzungen (besser: Verfolgungen) wurden grausam durchgeführt – von Recht kann keine Rede sein. Unter dem Schutz von Militär und Polizei konnte der z.T. von verschiedenen Gruppen organisierte Mob tausende von Häusern, Geschäften und viele Fabriken abbrennen. Eine nicht bekannte Zahl von Menschen wurde grausam umgebracht, verbrannt oder erschossen. Eine lähmende Furcht hat sich der Tamilen bemächtigt, nachdem sie sehen mussten, wie schutzlos sie dem Hass und Mutwillen auch der Nachbarn ausgesetzt waren. Die Flüchtlingslager, in denen über Hunderttausende Flüchtlinge waren, sind noch nicht leer. Beschwichtigende Worte und tönende Reden von Politikern helfen nicht, die Probleme zu lösen, Vertrauen zu erstellen, die Schuldigen zu Einsicht oder Umkehr zu bringen. Viele sind in den Norden geflohen, tausende warten auf Einreisegenehmigungen in andere Länder. Wer hilft denen, die alles verloren haben und trotzdem den Mut haben, einen Neuanfang hier zu wagen? Nahrung, Kleidung, Unterkunft und Arbeitsstellen werden dringend benötigt.

Wie können wir helfen, dass Vergebung und Versöhnung die Grund-
lage für einen Neuanfang schaffen? Die Religionen hier taugen
dazu nicht, da sie ja z.T. die Ursache für den Hass sind. Die po-
litischen Extremgruppen bilden eine ständige Bedrohung für den
Frieden. Gerade jetzt haben die Christen eine besondere Gelegen-
heit, die Botschaft von der Versöhnung zu leben, zu bezeugen. Es
ist ermutigend zu sehen, wie viele Christen, Tamilen, Singhalesen
und Burgher *(ehemalige Europäer) in die Lager gehen und helfen*
– mit tätiger Nächstenliebe und der Verkündigung der frohen Bot-
schaft von der Versöhnung, die Gott durch Jesus Christus bereitet
hat. Viele Tamilen öffnen sich für die Botschaft. Werden die Sin-
ghalesen, die geistlich in einer größeren Gefahr stehen, sich auch
der Botschaft des Friedens öffnen? – Zusammen mit den Kirchen
hier nimmt auch die Kandy City Mission mit ihren Mitteln an den
Hilfsmaßnahmen teil. Außerdem versuchen wir weitere Arbeits-
plätze zu schaffen, an denen Tamilen und Singhalesen einen ge-
meinsamen Neuanfang wagen.

Die Tamilen im Bereich der KCM blieben bewahrt. Wir sind
dankbar, dass wir auch nicht in Kämpfe verwickelt wurden. Unse-
re Singhalesen standen bereit, ihre Nachbarn und weitere Flücht-
linge in unserer Halle zu verteidigen. Auch solche Zeichen mutiger
Hilfe hat es an vielen Stellen gegeben – mutmachende Zeichen für
die Zukunft. – Der größte Teil der Läden der Scot's Kirk *allerdings*
wurde verbrannt. Wir hoffen, dass der Neuaufbau in den nächsten
Tagen beginnen kann (obwohl zunächst zusätzliche Enteignung zu
befürchten stand). Wir denken, dass die tamilischen Ladeninhaber
bald ihre Arbeit wieder aufnehmen können."

Im Laufe der nächsten Jahre wurde nicht nur der Wilpattu-Park
komplett gesperrt, sondern der ganze Norden um Jaffna herum
und später sogar auch der Osten mitsamt dem Badeparadies der
Ostküste bei Trincomalee zur Sperrzone erklärt. Wenn überall im

Land Bomben fallen, hat das natürlich auch Auswirkungen auf die Touristen, die fortan dem Land fernblieben.

Gewalt erzeugt Gegengewalt. Auf die *Tamil Tigers* organisierten die Singhalesen ihrerseits eine Gegenterrorgruppe, die JVP, die das Land nicht minder in Atem hielt. Aber das eigentlich Schlimme war der Verlust des Vertrauens zwischen Singhalesen und Tamilen. Wo es früher kein Problem war, einen aus der anderen Rasse zu heiraten, war das jetzt absolut tabu – bis auf die christlichen Gemeinden, die sich von diesem Rassenkonflikt nicht haben beeinflussen lassen. Viele Tamilen hatten Angst vor spontanen, unvorhergesehen Repressalien. Je größer der Terror der *Tiger* wurde, desto berechtigter natürlich auch die Angst der friedlichen Tamilen, mit ihnen in einen Topf geworfen zu werden oder ihrerseits die Wut und Rache der Singhalesen abzubekommen.

Als ich im Jahr 2008 für zwei Wochen zu Besuch in Sri Lanka war, explodierten allein in dieser kurzen Zeit fünf Bomben an den verschiedensten Stellen und kosteten viele Menschen das Leben. Besonders erschütternd war die Explosion im Hauptbahnhof von Colombo, bei der eine ganze Jungen-Schulsportmannschaft ums Leben kam. Die Bilder im Fernsehen sehe ich heute noch vor mir.

Eigentlich konnten alle erst aufatmen, als sich 2009 der letzte kleine Rest der Terroristen, der sich am Strand an der Ostküste mit Geiseln verschanzt hatte, ergab. Sowohl Singhalesen als auch Tamilen hatten diesen ganzen Krieg gehörig satt. So kann man nur hoffen, dass der fragile Frieden auch weiterhin den Aufbau des Landes und wirtschaftlichen Aufschwung ermöglicht und von der Regierung weiter mit stabilen, gleichberechtigten Rahmenbedingungen gefördert wird.

17. Abschied und Zwischenstation in Namibia

Die Verabschiedung

Anfang der achtziger Jahre hatten meine Eltern von der VEM die Genehmigung bekommen, noch bis 1984 bleiben zu können, um alle Projekte, besonders das Häuserprojekt, zum Abschluss bringen zu können. Geplant war auch, dass der Nachfolger, der von der VEM ausgesucht wurde, schon 1983 ins Land kommen sollte, um ein Jahr gemeinsamer Zeit zur Einarbeitung zu haben.

Doch dann kam alles ganz anders: Oberkirchenrat Pfarrer Wilfried Blank, den mein Vater von den Ostasien-Konferenzen her kannte, war in die Deutsche Gemeinde nach Namibia berufen und später als Landespropst gewählt worden. Er bat nun meinen Vater, doch für ein Jahr auch dorthin zu kommen, bevor er wieder endgültig nach Deutschland ging. Dazu müsste er aber sofort kommen, sprich Sri Lanka ein Jahr eher verlassen. Meine Eltern entschlossen sich zu diesem Weg und sagten zu. So reisten sie zusammen mit meinen drei jüngeren Geschwistern im September 1983 nach Namibia.

Der Abschied aus Sri Lanka war für meine Eltern und alle Beteiligten sehr schwer und bewegend. Da ich selbst nicht dabei war, sei hier der Rundbrief zitiert:

„Danken möchten wir mit diesem Rundbrief noch einmal allen, die mit uns die Jahre hindurch mit Gebet, Gaben und Rat begleitet haben, die so die Arbeit ermöglichten. Wir sind bewegt, wenn wir bei einem Rundgang durch mancherlei Arbeitsbereiche an viele Geber, Schulklassen und Gemeinden erinnert werden: Dies Haus wurde von .... gespendet. Dort die Geräte kamen von ... Diese

Einrichtung ermöglichte die Gemeinde aus …. Ja, so geht es mit je-
dem Platz hier – jedes Ding hat seine besondere Geschichte – Zei-
chen der Liebe. Und dann sind da die Menschen, die lange Strecken
hindurch von Freunden im Ausland versorgt wurden. Da sind Mit-
arbeiter, die ihre Ausbildung unserem Freundeskreis verdanken. So
könnte ich fortfahren und erzählen, wie die Hilfe oft auf den Tag ge-
nau, bevor wir die Bitten schreiben konnten, als Antwort auf Gebete
kamen. Ich kann nicht alles schreiben, aber Ihr spürt mit, was uns in
dieser Stunde noch einmal bewegt, wenn wir von hier gehen – und
auch, wenn wir aus dieser engen Verbindung dieses Freundeskreises
mit der Arbeit scheiden. Wir bitten nur herzlich, dass alle mit uns
gern den beiliegenden Abschnitt ausfüllen, um die Verbindung mit
der Arbeit hier aufrecht zu erhalten, den Weg in gleicher Weise un-
terstützend und fürbittend zu begleiten.

Wichtig ist uns auch, dass die Arbeitsplätze erhalten und ausge-
baut werden. Das gilt vor allem für die Batik- und Lederabteilung.

Nun noch einige Zeilen zu der Arbeit in den letzten Wochen. Die
Zahnklinik konnte im Juli eröffnet werden – sie tut einen wichtigen
Dienst mit einem der Dozenten der zahnmedizinischen Fakultät,
vor allem an den Kindern. Bethel, unser Jugendheim mit Cafete-
ria und Kindergarten an der Peradeniya Road (das allerneuste Projekt der KCM), *konnte nach einigen Umbauarbeiten fertiggestellt*
werden. Größere Baupläne wurden zurückgestellt. In diesen Tagen
konnten wir ein junges Ehepaar für diese Arbeit gewinnen. …

Ja, der Abschied von diesem Freundeskreis hier bewegt uns na-
türlich sehr. Was haben uns diese Freunde bedeutet. Da ist der Vor-
stand, der all die Jahre hindurch die Arbeit mit viel Einsatz und Lie-
be geleitet hat. Da sind die Mitarbeiter, die z.T. auf bessere Stellen
verzichteten, andere, die dadurch, dass sie in der Arbeit zum Glau-
ben kamen, auch mit ihren natürlichen Gaben bis zu leitender Mit-
arbeit gefördert werden konnten. Wir denken an die Arbeiter, die

durch die Missionsarbeit zu Christus fanden. Anderen wurde dadurch Hilfe zuteil, dass sie nun einen Arbeitsplatz und ein geregeltes Einkommen haben. Es hat manchen Wechsel gegeben, viele Probleme, aber auch viel Treue. Wir haben etwas von Gottes Wirken und Segen erfahren können. Wir wurden getragen, erfuhren Vergebung – Gottes Treue und Gnade ist groß. So können denn auch getrost die Werkzeuge ausgewechselt werden, denn der Herr bleibt derselbe.

Von der Methodistischen Kirche waren wir berufen worden, an die Reformierte Kirche wurden wir ausgeliefert, die dann durch die Arbeit der Kandy City Mission neu belebt werden konnte. Dazu kam der in der deutschsprachigen Gemeinde und manche weitere Aufgabe – eine reiche Zeit. In all den Diensten bewegte uns das Wort Jesu, das für die City Mission weiterhin das Losungswort in dieser politisch unruhigen Zeit und in dem Ringen der Religionen bleibt: „Ich bin der Weg, die Wahrheit und das Leben; niemand kommt zum Vater denn durch mich", Joh. 14,6."

Rückblick aus Namibia

Über die Abschiedsfeiern berichtete mein Vater in dem ersten Rundbrief aus Namibia im Advent 1983:

„Bevor wir aus der neuen Arbeit in Windhoek berichten, müssen wir noch einen Augenblick nach Sri Lanka zurückschauen. Der Abschied von unseren Freunden dort war überwältigend. Jede Gruppe wollte uns gesondert einladen und ihre Dankbarkeit und Verbundenheit zum Ausdruck bringen. Der Vorstand, die Mitglieder der KCM, die Pfarrerbruderschaft – sie alle ließen uns noch einmal die Gemeinschaft erleben, die in den 12 Jahren entstanden war. Wie viel Liebe wurde da sichtbar! Die Siedler gestalteten

einen besonderen Abend und schenkten einen schönen Silberteller in der Form Sri Lankas, mit einem eingravierten Siedlerhaus und einer Orchidee. Besonders den Tamilen fiel unser Fortgehen schwer, weil sie sich nach den letzten Unruhen nicht sicher fühlen – trotz der erlebten Bewahrung. Ob die City Mission sie mit Liebe wird halten können? Nur Gottes Wort kann eine solche Gemeinschaft stiften, die auch in tiefen Krisen hält. Hier wird die City Mission sich weiter bewähren müssen: Heimat für die Ärmsten und Verachteten zu sein.

Die Arbeiter hatten – ohne Wissen des Vorstands – eine Batikarbeit entworfen und hergestellt, die als Mitte das Emblem der KCM mit dem Kreuz, den Strahlen der Auferstehung und der aufgeschlagenen Bibel und der zentralen Verkündigung Jesu nach Joh 14,6 zeigt. In acht Kreisen um die Mitte herum werden die vielfältigen Arbeitszweige der Mission abgebildet. Unter dem schönen Gesamtbild steht das Wort Jesu (natürlich gebatikt!): „Himmel und Erde werden vergehen; meine Worte aber werden nicht vergehen“, Mark. 13,31. Das tröstet! Einmal werden all diese Werke, die viele für so wichtig halten, verschwinden. Er aber, der Herr mit seinem Wort, mit dem, was er durch sein Wort ins Leben gerufen hat, bleibt. Wenn er uns durch sein Wort neues, ewiges Leben gab, wenn sein Wort in uns bleibt, werden wir auch mit und bei ihm bleiben. Das ist unser Gebet, dass sich dieses an vielen erweisen möge, wenn auch sonst manches anders werden mag. ...

Nach all den Feiern kam dann noch das eigentliche Abschied nehmen, das uns allen schwer fiel. Mehrere Kleinbusse und Autos kamen nachts mit den Freunden noch mit zum Flugplatz.“

Dann fingen die Jahre in Namibia an – denn aus dem einen geplanten Jahr wurden zehn Jahre, da mein Vater nach kurzer Zeit als Pfarrer für Windhoek angefragt und gewählt wurde. Nach fünf Jahren wurde er Landespropst – aber das ist eine andere Geschichte.

In den nächsten Jahren in Namibia haben sich meine Eltern mit dem Kontakt zu den Menschen in Sri Lanka sehr zurückgehalten, um es für den Nachfolger nicht so schwer zu machen. Sie wollten sich auf keinen Fall aus der Ferne einmischen.

Erst nach ihrer Pensionierung, als in Sri Lanka kein Nachfolger aus Deutschland mehr in der Arbeit tätig war und einige Freunde in Sri Lanka meinen Vater konkret um beratende Mithilfe baten, ist er zusammen mit meiner Mutter wieder regelmäßig einmal im Jahr für ein paar Monate nach Sri Lanka geflogen. Hier konnten sie in einem Haus wohnen, das sie damals oberhalb von Augustawatte als kleines Wochenendrefugium für sich und meine jüngeren Geschwister gekauft hatten, so dass sie keinem zur Last fielen. Besonders Agnes hat sich immer sehr auf diese Zeit gefreut, da sie dann mit in diesem Haus – unser *hill house* - sein konnte und nicht allein in ihrer kleinen Wohnung im Projekt bleiben musste. Nachdem sie nach ihrer Pensionierung nicht mehr in der Bäckerei arbeitete, war sie froh, ab und zu einmal wieder für die Eltern kochen zu können – was den Eltern natürlich auch gut gefallen hat.

Nachwort

Warum ich das hier alles aufgeschrieben habe? Als ich vor ca. acht Jahren allein nach Sri Lanka flog, da sagte mein Mann scherzend zu unseren Söhnen: „Die Mama muss ihre Kindheit aufarbeiten". Ich habe, als ich in Sri Lanka war, gemerkt, wie recht er damit hatte, wie sehr ich das Land und die Menschen unbewusst vermisst hatte.

Vieles hatte sich im Projekt verändert. Das, was mein Vater im letzten Rundbrief geschrieben hatte, bewahrheitete sich. Viele der Kleinbetriebe waren im Lauf der Zeit aus den verschiedensten Gründen geschlossen worden. Selbst die Batikwerkstatt, die noch jahrelang unter der tatkräftigen Hilfe vieler Freunde aus Deutschland florierte, bestand nicht mehr. Aber die Menschen waren geblieben und auch die gute Arbeit an den Menschen: die Kindergärten und die soziale Arbeit durch die schottisch reformierte Kirche, die mittlerweile zahlenmäßig weiter angewachsen war.

Besonders beeindruckend fand ich damals die Gespräche mit den mittlerweile erwachsenen Kindern von Pushpa, Saralla und verschiedenen anderen. Das sind gestandene, junge Menschen mit guter Berufsausbildung, die das, was sie durch die Erziehung ihrer Eltern und das Leben im Projekt und in der Gemeinde mitbekommen haben, jetzt wiederum an andere weitergeben. Sie nehmen nicht einfach nur die Privilegien in Anspruch, sondern sehen ihrerseits ihre Verantwortung gegenüber den weniger Privilegierten und immer noch sehr armen Menschen. In der Zeit sind für mich richtige Freundschaften entstanden, die bis heute bestehen und durch die moderne Technik von Internet und E-Mails vereinfacht aufrechterhalten werden.

Für die Arbeit der KCM ergab sich allerdings Neues. Dadurch, dass die Regierung Sri Lankas in den achtziger Jahren die englischen Klassen in den Schulen gestrichen hatte und nur noch in Singhalesisch und Tamilisch unterrichtet wurde (Englisch nur als Fremdsprache), haben viele Kinder ganz schlechte Berufschancen, da in den meisten Firmen Englischkenntnisse vorausgesetzt werden. So ist es jetzt eine große Aufgabe, hier den weniger bemittelten Kindern das Englischlernen zu ermöglichen.

Deswegen war es in den letzten Jahren ein Hauptanliegen meiner Eltern, (neben einer guten Jugendarbeit) für die Englischklassen, sri-lankische Lehrer und Lehrerinnen zu finden, die bereit sind, im Projekt Kindern, die sich private Lehrer nicht leisten können, zu helfen. Denn wer keine guten Berufsaussichten hat, landet sehr schnell wieder in den Slums. Zurzeit ist von der KCM ein Sekretär für das Projekt angestellt, der zusammen mit seiner Frau in unserem ehemaligen Haus in Augustawatte wohnt und sich um die Jugendlichen und Kinder dort oben kümmert. Yohan ist Theologe, hält Gottesdienste und nebenbei gibt er den Jugendlichen kostenlose Computerkurse, damit sie später in der Arbeit damit umgehen können. Seine Frau, Darshi, gelernte Englischlehrerin, gibt den Kindern samstags Englischunterricht, was sehr gerne angenommen wird. Das ist für meine Eltern beruhigend, die Arbeit dort im Projekt jetzt in so guten Händen zu wissen.

Ich jedenfalls bin sehr dankbar für die schöne Jugendzeit und für alles, was ich in Sri Lanka durch die Menschen dort erleben durfte.

Immer wieder werde ich gefragt, ob ich denn, als ich zurück nach Deutschland kam, einen Kulturschock erlitt, so wie viele Missionarskinder bei der Reintegration ins Heimatland große Schwierigkeiten hatten. Für uns war es wohl deswegen nicht ganz so schwierig, da wir im Haus meiner Eltern sehr viel deutsche Kultur mitbekamen und das normale Leben in Kandy gemessen an vielen anderen asiatischen Ländern doch recht komfortabel war. Für meine beiden großen Schwestern und mich kam natürlich hinzu, dass wir unsere entscheidende Kindheitsprägung ja in Deutschland bekommen haben. Meine jüngeren Geschwister hatten es da gewiss schwieriger.

Trotzdem ist der Kulturenwechsel nicht spurlos an uns vorübergegangen. Auch wenn es mir damals nicht bewusst war, habe ich doch darunter gelitten, nicht wie alle anderen Studenten mal eben am Wochenende nach Hause fahren und Freunde besuchen zu können. Ja selbst in meinem Studium hatte das Umherwandern kein Ende, da es für das Theologiestudium damals als vorteilhaft galt, möglichst oft den Studienort zu wechseln, um von vielen verschiedenen, theologischen Professoren zu lernen. So konnte ich wieder nur schwer langfristige Freundschaften aufbauen.

Dennoch haben unsere Eltern uns durch eine Sache sehr bei der Wiedereingliederung geholfen. Sie organisierten, dass wir vor der Ausbildung für ein paar Monate bei einer befreundeten Familie wohnen und im Haushalt mithelfen konnten. Ich war damals bei Familie Bubenzer in Ennepetal und diese Familie ist bis heute wie ein zu Hause für mich. Dort lernte ich nicht nur kochen, bügeln und was man sonst alles können muss, sondern auch, mich in dem ganzen Wust deutscher Einkaufskultur zurechtzufinden. In Sri Lanka musste man handeln und feilschen können. Das nützt einem aber in Deutschland nicht viel, wenn man sich in einem teuren Laden befindet. Ich weiß noch wie entsetzt ich war, festzustellen, dass derselbe Artikel in einem anderen Laden gleich ein paar Mark teurer war. Selbst McDonalds kannte ich damals nicht.

In den ersten zwei Jahren des Studiums in Wuppertal, war mir Margret Kuhl eine große Hilfe. Nicht nur mit den ganzen Versicherungen und was man sonst alles bedenken und bearbeiten musste, sondern sie hat mich auch jeden Montagabend zu sich nach Hause eingeladen. Das waren immer schöne Abende. Wochenends bin ich oft zu meiner Oma nach Mettmann oder in den Ferien zu meinem Opa nach Bünde oder in der Nähe davon zu Renate Kreft gefahren. Einmal im Jahr durften wir auch nach Sri Lanka fliegen. Das war ganz besonders schön.

Vor zwei Jahren lud meine Schwester Liebgard uns Geschwister anlässlich ihres Geburtstages zu einem gemeinsamen Wochenende zu sich ins Waldhaus (einem kleinen Haus an der Östertalsperre in Plettenberg) ein, um einmal einen gemeinsamen Austausch über unsere Zeit im Ausland zu haben. Bezeichnenderweise hatten wir uns bei unseren Familientreffen bis dahin eigentlich sehr wenig über Sri Lanka unterhalten. Von daher fand ich das zuerst etwas komisch, zumal wir auch noch als Hausaufgabe aufbekamen, u.a. das Buch von D. C. Pollock: *Third Culture Kids* bis dahin zu lesen. Aber das Wochenende war so intensiv und schön, dass ich meiner Schwester sehr dankbar bin, es in die Wege geleitet zu haben. Dieses Buch hat uns deutlich gemacht, wie sehr alle, die irgendwie im Ausland aufgewachsen sind, mit ähnlichen Problemen zu kämpfen haben, dass es also nicht an unserer Persönlichkeit liegt. Ich war geradezu erstaunt, dieselben Probleme von meinen Geschwistern zu hören, die ich immer versucht hatte zu vertuschen und als nur mein Problem anzusehen. Was mich noch mehr verwunderte war, wie unterschiedlich meine Geschwister die Arbeit der Eltern in Sri Lanka wahrgenommen hatten. Vieles von dem, was ich ihnen aus meinen Erinnerungen erzählte, wussten sie gar nicht mehr, oder hatten es nie mitbekommen. So ermutigten sie mich, als ich ihnen sagte, dass ich überlegte, das alles einmal aufzuschreiben.

Ein weiterer Motivator dies zu tun, waren meine Kinder. Ab und zu erzählte ich ihnen ein paar Begebenheiten aus meiner Kindheit.

Aber als unser zweitältester Sohn Daniel letztes Jahr mit mir allein nach Sri Lanka flog und dort lebhaftes Interesse für Land, Leute und auch die Arbeit der KCM zeigte, fing ich endlich an, alles aufzuschreiben. So hoffe ich, dass meine Söhne dadurch besser verstehen, warum ich so ins Schwärmen komme, wenn der Name Sri Lanka fällt. Oder warum ich in manchem anders bin und denke als andere Mütter. Besonders wichtig ist es mir aber, dass sie verstehen wie wertvoll mir die Menschen dort sind und wie eng wir durch den Glauben verbunden sind. Ich wünsche mir, dass auch sie eine Liebe zu diesem Land und ihren Menschen entwickeln.

So hoffe ich, dass alle, die dieses Buch lesen, Lust bekommen, einmal dieses wunderschöne Land zu besuchen und vielleicht auch einen Abstecher in die Kandy City Mission in Kandy oder ins Projekt in Augustawatte bei Peradeniya zu machen. Es ist ein liebenswertes Land mit noch liebenswerteren Menschen.

Anhang

Sri Lanka

Sri Lanka ist ein 65.610 km² großer Inselstaat an der südöstlichen Spitze des Subkontinents Indien. Die Einwohnerzahl liegt bei ca. 19,9 Millionen (2004), während sie 1967 nur 10,9 Millionen betrug. Der Name Sri Lanka bedeutet auf Singhalesisch glückliche oder gesegnete Insel und weist auf den Reichtum des Landes hin, sowohl hinsichtlich seiner Vegetation als auch der Vielfalt an Bodenschätzen, Gewürzen, Obst und Gemüse. Zwischenzeitlich hatte Sri Lanka von den Briten während ihrer Kolonialherrschaft den Namen Ceylon bekommen, was aber am 22. Mai 1972, als Sri Lanka Republik wurde, wieder rückgängig gemacht wurde. Nur der berühmte Ceylon Tee hat diesen Namen beibehalten.

Sri Lanka kann auf eine lange Geschichte zurückblicken, denn schon vor 30.000 Jahren waren Bewohner im Land. Die bis heute dort lebenden Weddas, von den Nagas und Yakkas abstammend und auch mit den Aborigines in Australien verwandt, sind die eigentlichen Ureinwohner. Im 5. Jh. v. Chr. wanderten indoarische Siedler, die späteren Singhalesen, aus Nordindien in Sri Lanka ein. Ihr Stammesvater Vijaya wurde der erste von insgesamt 181 Königen des Landes. Erst im 3. Jh. v. Chr. führte Arhath Mahinda, der Sohn des indischen Imperators Ashoka der Große, den Buddhismus ein, dem die meisten Singhalesen seitdem angehören. In der Stadt Anuradhapura, die vom 6. Jh. v. Chr. bis zum 11. Jh. n. Chr. die Hauptstadt des Landes war, befindet sich heute noch ein sehr alter Bobaum, der von einem Ableger des Bobaumes aus Indien stammen soll, unter dem Gautama Buddha geworden ist.

Ab 200 v. Chr. kamen Tamilen aus Südindien nach Sri Lanka, deren Nachfahren hauptsächlich den Norden und Nordosten der Insel bevölkerten. Sie gelten als die Sri Lanka-Tamilen (bzw. Jaffna-Tamilen), im Gegensatz zu den indischen Tamilen aus Tamil Nadu, die erst von den Briten ab 1840 als Plantagenarbeiter ins Land geholt wurden – zunächst für die Kaffeeplantagen und ab 1880 für den Teeanbau.

Es folgte eine bewegte Zeit singhalesischer Königreiche unter verschiedenen Herrschern, wobei es spätestens seit dem 13. Jh. auch ein Tamilisches Königreich in Jaffna gab. Ab dem 14. Jahrhundert wechselte die Hauptstadt mehrfach, u. a. waren es Pollonaruwa, Sigiriya und bis zur Kolonialzeit Kandy, das bis heute auf Singhalesisch einfach nur als *die Stadt* bezeichnet wird. Diese große Stadt Kandy eroberten die Briten als letzte erst 1815, bevor 1818 das gesamte Land unter britische Herrschaft fiel. Die vorherigen Kolonialmächte – die Portugiesen ab 1518 und die Niederländer ab 1658 – hatten immer nur die Küstenebenen der Insel erobert, so wie seit 1796 auch die Briten. Erst 1803 konnten diese Ceylon, wie sie das Land nannten, zur Kronkolonie machen.

1931 stärkten eine Reform und die Einführung des Wahlrechts für alle das politische Nationalbewusstsein der Menschen in Richtung Selbstregierung. 1947 siegte die United National Party (UNP) und wählte ihren Vorsitzenden Don Stephen Senanayaka zum Premierminister. Am 04.02.1948 wurde Ceylon unabhängig im Rahmen des Commonwealth der Nationen. Seitdem ist dieser Tag Nationalfeiertag. Senanayake versuchte zwar, die verschiedenen Ethnien unter Wahrung der Pluralität politisch zu einen, schaffte es aber nicht, die wirtschaftlichen Schwierigkeiten in den Griff zu bekommen. Das führte zu einer großen Unzufriedenheit, die schließlich 1956 der Sri Lanka Freedom Party (SLFP) unter Solomon Bandaranaike zum Sieg verhalf. Als Premierminister führte Bandaranaike außenpolitisch das Land in Richtung block-freier Staaten, während er innenpolitisch den singhalesischen Nationalismus und den Buddhismus begünstigte. So führte er Singhalesisch als einzige offizielle Landes- und Amtssprache ein, statt der bisherigen englischen Sprache. Das führte 1958 zu erbitterten, blutigen Kämpfen zwischen Tamilen und Singhalesen. Die Tamilen fühlten sich nun auch sprachlich benachteiligt, denn viele von ihnen beherrschten die singhalesische Sprache nur begrenzt. Als im September 1959 Solomon Bandaranaike ermordet wurde, war die Situation im Land sehr instabil, bis 1960 die SLFP wiederum siegte und Sirimawo Bandaranaike, die Witwe Solomon Bandaranaikes, neue Premierministerin wurde. Sie regierte bis 1977, allerdings mit einer Unterbrechung 1965-1970 unter Premierminister Senanayaka mit der UNP. Bandaranaike handelte politisch ganz im Sinne ihres Mannes. Zudem aber verstaatlichte sie viele in- und ausländische Unternehmen, wie Plantagen, Erdölgesellschaften und Banken. In ihre Regierungszeit fielen 1971 auch die schweren Studenten- und Jugendunruhen. Dieser Aufstand war kein ethnischer, sondern ein rein wirtschaftlicher Konflikt, denn sowohl singhalesische als auch tamilische, arbeitslose Jugendliche und arme Studenten kämpften militant im Namen marxistischer Ideologie gegen die Regierungspolitik. Hier trat besonders die Janatha Vimukthi Peramena (JVP), die Volksbefreiungsfront, die 1958 gegründet worden war, in den Vordergrund. Mit Hilfe ausländischer Waffen wurde dieser Aufstand niedergeschlagen. Ebenfalls in Bandaranaikes Regierungszeit wurde am 22. Mai 1972 Ceylon im Zuge einer Verfassungsreform zur Republik und der Name wiederum in Sri Lanka umbenannt.

1977 siegte bei den Wahlen erneut die UNP, denn Bandaranaikes Wirtschaftspolitik machte viele unzufrieden. Außerdem wurden durch ihre Sozial- und Bildungspolitik die Tamilen benachteiligt, so dass die sowieso schon gespannte ethnische Situation immer schlechter wurde. Der neue Premierminister Junius R. Jayawardena änderte 1978 das vormals britische System durch eine präsidiale Verfassung nach französischem Vorbild. Der Präsident, der für jeweils 6 Jahre gewählt wird (max. eine Wiederwahl), ist nicht nur Staatsoberhaupt und Oberbefehlshaber der Streitkräfte, sondern er ist auch Inhaber der höchsten Exekutivgewalt, der den Premierminister und die Mitglieder des Kabinetts beruft oder auch entlässt, die Kabinettssitzungen leitet und sogar die Macht hat, das Parlament aufzulösen. J. R. Jayawardena wurde gleich der erste Präsident (1982 wiedergewählt), und mit Inkraftsetzung der neuen Verfassung hieß der Staat jetzt offiziell Demokratische Sozialistische Republik Sri Lanka. Jayawardena hob viele Gesetze der ehemaligen Regierung, die die Tamilen benachteiligten, wieder auf. Außerdem führte er Tamil als zweite offizielle Landes- und Amtssprache wieder ein. Gegenwärtig ist Mahinda Rajapaksa Präsident (gewählt 2005 und 2010) und D. M. Jayaratna Premierminister.

Gemäß dieser langen Geschichte ist Sri Lanka heute eine multiethnische und multireligiöse Nation. Die Singhalesen (73,9% der Bevölkerung) gehören meist dem Buddhismus an (69,1%). Die Tamilen (12,7 Sri Lanka Tamilen und 5,2% indische Tamilen) sind größtenteils dem Hinduismus zugehörig (15,5%). Die Moors (7,4%; es sind Nachfahren arabischer Händler) dem Islam (9,6%) und die *Burghers* (0,5%), die von den portugiesischen und holländischen Kolonialherren abstammen, überwiegend Christen. Aber auch viele Singhalesen und Tamilen gehören dem Christentum an, das 7,5% der Bevölkerung ausmacht. Neben der römisch-katholischen (76% der Christen) und der anglikanischen Kirche (4%) gibt es in den protestantischen Kirchen (20%) über 60 verschiedene Denominationen, u.a. Pfingstler, Adventisten, Baptisten, Methodisten, Presbyterianer, Heilsarmee bis hin zu charismatischen

Gemeinden. Neben einer ganz kleinen Zahl von Malaien, Eurasiern und Europäern, die im Land leben, seien zum Schluss noch die Weddas genannt, von denen es nur noch ungefähr 2500 gibt.

Das Klima in Sri Lanka ist tropisch mit bis zu ca. 80% Luftfeuchtigkeit, die allerdings im Hochland und in den Trockenzeiten geringer ist. Die Temperaturen schwanken zwischen 16 und 32 Grad Celsius je nachdem, ob man sich im Hochland, im warmen Norden oder an den Küstengebieten befindet. Auch von den vier Jahreszeiten hängen die Temperaturen ab. Von Mai bis Oktober (1. Jahreszeit) ist der Südwestmonsun mit heftigen Regenschauern im Gebirge und Südwesten des Landes, während im Osten und Norden wenig Niederschlag fällt. Der Oktober und November (2. Jahreszeit) sind meist sehr trübe mit heftigen Winden, während von Dezember bis März (3. Jahreszeit) der Nordostmonsun Regen in den Osten und Nordosten des Landes bringt. Dagegen gibt es von März bis Mitte Mai (4. Jahreszeit) fast überhaupt keine Niederschläge.

Sri Lanka ist nicht nur sehr reich an Gewürzen (u. a. Pfeffer, Chili, Zimt und Kurkuma) und Kulturpflanzen (Kokosnuss, Reis, Zuckerrohr, Tee, Tabak, Ingwer und Kautschuk), sondern auch an Bodenschätzen, wie Eisenerz, Mangan, Nickel, Halbedelsteinen, Edelsteinen, wie dem Mondstein, Topasen und Saphiren. Zudem gibt es eine Vielzahl von Obst- und Gemüsesorten. Aber auch die Tierwelt Sri Lankas ist vielfältig: Warane, Krokodile, spezielle Sri Lanka-Leoparden, Braunbären, Elefanten, wilde Büffel, Rehe (spotted Deer), Wild- und Stachelschweine, verschiedenste Schlangenarten wie Polongas, Kobras bis hin zur Pythonschlange, Geckos, Streifenhörnchen und nicht zuletzt eine artenreiche Vogelwelt von Reihern, Krähen, Papageien bis hin zu Minas, Kormoranen, Pfauen, Eisvögeln, Paradiesvögeln und verschiedenen Adlerarten.

Bei diesem Reichtum des Landes ist es schade, dass der ethnische

Konflikt zwischen den Singhalesen und den Tamilen das Land über Jahrzehnte in Atem gehalten und der Wirtschaft – gerade auch dem Tourismus – sehr geschadet hat. Man kann nur hoffen, dass die Beendigung des Konflikts 2009 keine weiteren Konflikte nach sich zieht, sondern dass dieses schöne Land endlich zur Ruhe kommt.

Hier seien nur in Kürze ein paar Hintergründe und ein knapper Verlauf dieses Konfliktes genannt: Schon jahrhundertelang gab es immer wieder ein Gerangel um die Vorherrschaft des Landes zwischen den singhalesischen und den tamilischen Königreichen. Einige Tamilen wollten seit 40 Jahren einen eigenen Staat im Norden um Jaffna herum, was von den Singhalesen aber nie ernst genommen wurde. Trotzdem haben die Menschen eigentlich ganz friedlich miteinander leben können. Was den Neid und den Volkszorn so richtig geschürt hat, kam eigentlich erst in der britischen Kolonialzeit auf, da diese in den hohen Ämtern vielfach den Tamilen den Vorzug gegeben hatten.

Der Wahlsieg der nationalistischen SLFP 1956 erschwerte die Situation der Tamilen erheblich, da die Regierung ganz offen die Singhalesen und den Buddhismus bevorzugte. S. Bandaranaike hatte sogar schon beim Wahlkampf versprochen, Singhalesisch zur Nationalsprache zu machen. Als er es dann in die Tat umsetzte und Tamil nur noch Zweitsprache war, ist der Konflikt zum Teil schon offen ausgebrochen.

1970 bildeten sich mehrere tamilische Gruppierungen, um gegen diese Ungerechtigkeiten anzugehen. Die *Tamil United Liberation Front* (TULF) – ein Zusammenschluss mehrerer tamilischer Parteien, forderte einen eigenen Tamilenstaat Ealam, versuchte das aber auf politischem Weg durchzusetzen. Die Untergruppierungen, die sich später z.T. daraus bildeten, wie z.B. die *Liberation Tigers of Tamil Ealam* (LTTE), auch bekannt als *Tamil Tigers*, waren radikal und militant. So schreckte die LTTE nicht davor zurück, auch eigene, gemäßigte und dialogbereite Politiker der TULF zu töten.

Jayawardena versuchte 1978 mit der tamilischen Opposition – der TULF – in Gesprächen das ethnische Problem zu lösen und erklärte die tamilische Sprache fortan als offizielle 2. Landessprache neben Singhalesisch. Jedoch eskalierte der Konflikt durch die Unruhen, die durch Terrorakte der LTTE hervorgerufen worden waren. Ihnen wurde z.B. ein Massenmord an singhalesischen Farmern vorgeworfen. Die LTTE wollte eindeutig nicht mehr verhandeln, sondern sich mit terroristischen Anschlägen ihre Rechte erkämpfen. Nach der Eskalation des Konflikts zwischen den beiden Ethnien 1983, dem Pogrom gegen die Tamilen, bekam die LTTE noch mehr Zulauf und verstärkte ihre terroristischen Anschläge, indem sie nun auch Bombenangriffe auf die Zivilbevölkerung vornahm. Selbst eine indische Friedenstruppe konnte hier nichts ausrichten und wurde von der sri-lankischen Regierung wieder zurückgeschickt.

In den Jahren 1990 bis 2009 wogte der Bürgerkrieg hin und her. Zunächst eroberte die Regierung die von der LTTE besetzte Halbinsel Jaffna zurück, woraufhin die *Liberation Tigers* im zentralen Norden eine Großoffensive starteten. 2002 gab es zwar einen Waffenstillstand, da aber die LTTE nicht mit den Selbstmordattentaten und Bombenanschlägen aufhörte, kündigte die Regierung ihn 2008 und eroberte nach und nach die letzten Stellungen und Städte der Aufständischen. Währenddessen gingen die Terrorakte weiter, so dass die LTTE mittlerweile auch im Ausland viele der ehemaligen Sympathien als Befreiungsorganisation verlor. Erst als 2009 der letzte Rest der LTTE-Kämpfer, die sich mit Geiseln an der Ostküste verschanzt hatten, besiegt wurde, gaben sie auf und erklärten ihren Kampf für beendet.

Bleibt nur zu hoffen, dass das ethnische Problem irgendwann wirklich in politisch guter Weise gelöst werden kann, so dass alle Bewohner sich als gleichberechtigte und zufriedene Bürger Sri Lankas fühlen können.

Aus dem Leben Karl Sundermeiers

Karl Sundermeier wurde als ältester Sohn von Fritz und Paula Sundermeier am 21. Januar 1930 in Bünde, Westfalen geboren. Seine Eltern waren im CVJM Westbund sehr engagiert, so dass auch er Interesse an dieser Arbeit bekam. Während seines Theologiestudiums in Tübingen lernte er die Arbeit der SMD (Studentenmission in Deutschland) kennen, die ihm so zusagte, dass er nach dem Studium bereit war, für eineinhalb Jahre als Reisesekretär tätig zu sein. Sein Vikariat absolvierte er in einer Gemeinde in Meinerzhagen und kam dort wieder stärker in Kontakt mit der Arbeit des CVJM. Johannes Busch, der damalige Bundeswart des CVJM-Westbundes, kannte ihn gut und hatte ihn schon als einen seiner potentiellen Nachfolger benannt. So wurde er nach dessen plötzlichen Tod zum neuen Bundeswart des CVJM- Westbundes gewählt. Karl Sundermeiers Betätigungsfeld in dieser Aufgabe umfasste nicht nur die große Jugendarbeit des CVJM mit großen Festveranstaltungen z.b. dem Bundesposaunenfest in der Dortmunder Westfalenhalle, sondern er reiste auch oft ins Ausland u.a. zu Besuchen nach Ghana oder Sri Lanka. So hatte er schon früh die Gelegenheit, viele Christen in den verschiedensten Ländern kennenzulernen und sich mit Missionsarbeit durch den CVJM vertraut zu machen. Dadurch war er in vielen ausländischen Kirchen bekannt, so auch in der methodistischen Kirche in Sri Lanka. Als dann der Präsident dieser Kirche in Sri Lanka, Dr. Rev. D. T. Niles ihn über die Westfälische Kirche nach Sri Lanka berief, ist er dem gerne nachgekommen.

Von 1971 bis 1983 war er mit seiner ganzen Familie in Sri Lanka als Missionar tätig. Von dort sollte er nur für ein Jahr in Namibia in der deutschen Gemeinde Windhoek aushelfen, wurde aber zunächst als Pfarrer und später als Landesprobst gewählt und blieb bis zu seiner Pensionierung in diesem Amt. Karl Sundermeier war es ein großes Anliegen, in dieser deutschen Gemeinde vom Evangelium her die Menschen zu ermutigen, den Blick auf die Verantwortung gegenüber den schwarzen Menschen zu erweitern und auf ein neues Miteinander hinzuarbeiten.

Seit 1993 ist Karl Sundermeier im aktiven Ruhestand wieder in Deutschland, indem er an vielen Orten Bibelarbeiten, Bibelwochen und Gottesdienste hält. Die KCM bat ihn um Rat und Hilfe, da jetzt nach so langer Zeit kein deutscher Nachfolger mehr in der Arbeit tätig war, so dass er regelmäßig einmal im Jahr mit seiner Frau für ein paar Monate nach Sri Lanka fliegt. Einmal sind sie sogar für ein ganzes Jahr dageblieben, um längerfristig beraten und helfen zu können. Im Jahre 2002 bekam er von Bundespräsident Johannes Rau für seine Arbeit das Bundesverdienstkreuz am Band überreicht.

Viel wichtiger ist ihm aber, dass die Arbeit der KCM und besonders die Menschen nicht in Vergessenheit geraten, und dass weiterhin viele Menschen von der Liebe Gottes in Jesus Christus erfahren.

Karl und Marilene Sundermeier 1971

Karl und Marilene Sundermeier 2007

Abkürzungsverzeichnis und Begriffserklärung

A-Level	Abitur
Bundeswart	Frühere Bezeichnung für den Generalsekretär des CVJM
CVJM	Christlicher Verein junger Menschen
EZE	Evangelische Zentralstelle für Entwicklungshilfe
GTZ	Deutsche Gesellschaft für Technische Zusammenarbeit
JVP	Janatha Vimukthi Paramuna: Singhalesische Befreiungs-, später Terrororganisation
KCF	Kandy Christian Fellowship – eine Arbeitsgemeinschaft von Menschen verschiedener Kirchen
LKRe	Sri Lanka Rupees (1 SLRe = € 0,14): Heutige Bezeichnung für die Währung des Landes (1 LKRe = 100 Cents)
Logos	Schiff der Missionsgesellschaft OM aus Deutschland, das viele Häfen der Welt anläuft und christliche Literatur verkauft und auch verschenkt
LTTE	Tamil Tigers: Liberation Tigers of Tamil Ealam (tamilische Befreiungs-, später Terrororganisation)
Lungee	langer Wickelrock
Manse	Pfarrhaus
NRW	Nordrhein-Westfalen
O-Level	Mittlere Reife

OM	Operation Mobilisation – eine christliche Missionsgesellschaft
Poya	Vollmondtag (in Sri Lanka ein Feiertag)
Re	Rupee: Damalige Bezeichnung für die Landeswährung (1 Rupee = 100 Cents). 1972 war 1Re DM 0,84
Saree	Kleidungsstück der Frauen, das um den Körper in ganz bestimmter Art herumgewickelt wird
Scot's Kirk	Schottisch-Reformierte (presbyteriale) Kirche
SLFP	Sri Lanka Freedom Party: Politische Partei
SMD	Studentenmission in Deutschland
TULF	Tamil United Liberation Front: Politische Partei
UNP	United National Party: Politische Partei
VEM	Vereinigte Evangelische Mission (frühere Rheinische Mission)
Versammlung	Christliche Brüdergemeinde im westfälischen/ rheinländischen Raum
YMCA	Young Men Christian Association (Christlicher Verein junger Männer)
YWCA	Young Women Christian Association (Christlicher Verein junger Frauen)

Quellen und Literaturverzeichnis

1. Sri Lanka – Wikipedia: Ausdruck vom 29.01.2011.
2. Sri Lanka – Wikipedia: Ausdruck vom 07.04.2011.
3. History of Sri Lanka – Wikipedia, the free encyclopedia from 10. April 2011.
4. Original Rundbriefe von Karl und Marlene Sundermeier der Jahre 1971 bis 1983.
5. Reisebericht einer Gemeindereise nach Sri Lanka von der Wicherngemeinde in Bad Cannstadt im November 1980.
6. Sri Lanka: Ein Studienbericht über die Studienfahrt einer Gruppe von Studierenden der Abt. Evangelische Theologie an der Ruhr-Universität Bochum vom 18. Februar bis 11. März 1981.
7. Das Umsiedlungsprojekt Urawela – Augusta in Kandy City/ Sri Lanka von Dieter Oberndörfer.
8. Brockhaus Enzyklopädie in 20 Bänden. Bd. 3; Hrg. 1967 F.A. Brockhaus, Wiesbaden; V. Nr. W 882.
9. Brockhaus Enzyklopädie in 30 Bänden. 21. völlig neu bearbeitete Auflage; Bd. 26; Hrg. F.A. Brockhaus GmbH Leipzig, Bibliographisches Institut & F. A. Brockhaus AG. Mannheim 2006.

Bildnachweis

Cornelia Hofmann & **Tobias Quick** (Karte Sri Lanka S. 11), **Renate Kreft** (Kindergarten S. 85, Orchideenanzucht S. 101 oben, Hebammensprechstunde S. 108, Käserei S. 132), **Andres Michael Kuhn** (Sundermeiers 2007 S. 196 unten), **Matthias Lange** (Autorenbild, Klappe hinten), **Andreas Quick** (Umschlagbild, Elefantenwaisenhaus S. 64), **Karl und Marilene Sundermeier** (Pfeffer S. 19, Bible Rock S. 21, Haus in Lewella S. 22, Agnes S. 26, Mutter und Töchter S. 31, Schulkleidung S. 33, Busbahnhof S. 35, Ostküste S. 42, Trompete S. 49 oben, Posaunenchor S. 49 unten, Konfirmation S. 53, Buddha S. 64, Elefantenritt S. 65, Tempel S. 66, Perahera S. 67, Dancing S. 68, Scot's Kirk S. 76, Weihnachten S. 80, Köche S. 87, Kuchen S. 88, Besuch S. 89, Frieder mit Mutter S. 90, Frieder mit Vater S. 91, Frieder mit Johann S. 93, Welpen S. 95, Straßenbau S. 101 unten, Eröffnung S. 102 oben, Häuser S. 102 unten, KCM S. 104, Bibelstunde S. 106, Teefabrik S. 120, Augustawatte S. 127, Reisegruppe S. 134, Liard S. 135, Dreschen S. 140, Reisfelder S. 141, Dilly S. 146, Wachserinnen S. 149, Batik S. 153, Kerzen S. 155, Silberhochzeit S. 168, Sundermeiers 1971 S. 196 oben)